LE GOÛT D'UN TERRITOIRE, UN FUTUR DURABLE ET SOLIDAIRE DANS NOS ASSIETTES

PRÉFACE DE CARLO PETRINI, SLOW FOOD INTERNATIONAL

"Beaucoup considèrent la dimension locale avec suffisance
et disent que vos productions sont trop petites, "de niche".
Mais au contraire, l'ensemble de tous ces petits producteurs
constitue peut-être la plus grande multinationale de la nourriture.
Vous ne produisez pas de la standardisation ou du nivellement,
de la pollution ou de la pauvreté : vous produisez de la richesse,
de la diversité, de l'échange, de la conservation de la mémoire,
du progrès. Telle est la valeur de l'économie locale.
Votre économie est ce qu'il y a de plus moderne au monde.

Carlo Petrini,
lors de l'assemblée plénière de la 3e édition de Terra Madre (Turin, 2008)

L'éditrice dédie ce livre à la mémoire de Joël Aubert,
*paysan & journaliste (*Sud Ouest, Aqui.fr*)*

Remerciements spéciaux à **Lætitia Sardet**, autrice du livre *Rencontres en Sud-Vienne*, éd. CESV, 2015 (pour ses textes) ; à **Mila Weissweiler**, conceptrice de sites Internet à Montmorillon (pour ses photos) ; à **Pauline Beekandt** (pour sa mise en page) ; à **Jean-Michel Clément**, député de la Vienne (pour la passion communicative qu'il voue à son territoire) ; ainsi qu'à la revue ***L'Actualité Nouvelle-Aquitaine*** et à l'**Office du Tourisme Sud Vienne Poitou** pour leur aide précieuse.

Ouvrage conçu dans le cadre de la réponse à l'Appel à Projets Coopération 2018 de la Région Nouvelle-Aquitaine ***Soutien au développement des circuits alimentaires locaux***, associant Mont'Plateau, le CIVAM du Montmorillonnais, la MJC Claude Nougaro et l'établissement public local d'enseignement et de formation professionnelle agricole (EPLEFPA) de Montmorillon.

RÉGION
Nouvelle-Aquitaine

Création graphique : Pauline Beekandt
Photos de couverture : © Marc Deneyer et Mila Weissweiler

LE *Goût* D'UN TERRITOIRE

Un futur durable et solidaire dans nos assiettes

PRÉFACE DE CARLO PETRINI, SLOW FOOD INTERNATIONAL
& SOUTIEN DE RÉGIS MARCON, ARTISTE DES SAVEURS D'UN TERROIR

OUVRAGE CONÇU ET RÉALISÉ PAR UNE COMMUNAUTÉ
D'AUTEURS ET DE PHOTOGRAPHES

L'Escampette éditions & Mont'Plateau
Collection Saveurs et Territoires

© iStock

Le plaisir de la table est de tous les âges,
de toutes les conditions, de tous les pays et de tous les jours ;
il peut s'associer à tous les autres plaisirs
et reste le dernier pour nous consoler de leur perte.

Jean Anthelme Brillat-Savarin

Il est frappant de constater combien la réflexion sur l'alimentation est de plus en plus liée à celle relative au futur des territoires, comme si l'avenir de l'une et des autres devait impérativement s'appréhender ensemble.

Au 21e siècle, l'alimentation apparaît plus que jamais comme un sujet éminemment culturel et politique, qui intéresse aussi bien des explorateurs du goût que des chercheurs en sciences humaines et sociales dans des domaines aussi variés que l'économie, la sociologie, la géographie ou l'histoire.

Penser l'alimentation, c'est aussi penser l'agriculture d'aujourd'hui et de demain, étudier comment elle se transforme et se diffuse, mesurer combien elle joue un rôle essentiel dans l'organisation des paysages, l'évolution des espaces ruraux et leur préservation, et jusque dans les transformations des relations sociales et culturelles entre les humains dans ces territoires.

Alors pourquoi ne pas partir tout autant à la reconquête du goût et des saveurs que de nos ruralités, dans une approche renouvelée du local et des circuits courts ? Stimulant et passionnant défi pour notre siècle !

Un circuit court est un mode de commercialisation des produits agricoles qui s'exerce soit par la vente directe du producteur au consommateur, soit par la vente indirecte à condition qu'il n'y ait qu'un seul intermédiaire.

Ministère de l'agriculture, avril 2009

L'exemple de ce qui se passe en Nouvelle-Aquitaine, en Montmorillonnais entre Vienne et Gartempe, peut nous y aider.

Sylviane Sambor

Les métamorphoses gourmandes d'un village

Régis Marcon est un magicien. Dans les années 1970-1980, la population du village qui l'a vu naître en 1956, s'est réduite comme peau de chagrin, et l'école communale était menacée de fermeture. Perché à 1159 mètres d'altitude entre les plateaux du Velay et du Vivarais, en Haute-Loire, Saint-Bonnet-le-Froid a connu comme de nombreux autres territoires français les tristesses de l'exode rural. Déjà en 1948, les parents de Régis Marcon, issus du monde paysan, avaient été contraints par le froid et des problèmes de fermage à quitter leurs terres : le père, Joannès, était devenu marchand de vins, et la mère, Marie-Louise, responsable du café du village.

Régis, le dernier de leurs 7 enfants, obtient un CAP et un BEP au lycée hôtelier de Grenoble, et revient bientôt à l'hôtel-restaurant familial, l'Auberge des Cimes. Aidée par son épouse, Michèle, il rénove et réaménage cette maison au début des années 80, obtient son brevet de Maître de cuisine (1983), avant d'être lauréat du prix Taittinger en 1989. Dès lors les distinctions n'ont plus cessé de pleuvoir : première étoile au guide Michelin en 1990, prix Brillat-Savarin en 1992, lauréat du Bocuse d'Or en 1995, 2e étoile au Michelin en 1997 ; en 2000, tandis que Gault-Millau lui attribue 3 toques et le nomme « Cuisinier de l'année », il ouvre à Saint-Bonnet-le-Froid un salon de thé-boulangerie-pâtisserie : La Chanterelle. La consécration arrive en 2005 : il entre dans le club des trois étoilés au Michelin, et son fils le rejoint aux fourneaux pour créer le restaurant gastronomique « Régis et Jacques Marcon ».

« Quand les guides ont commencé à parler de nous, c'est là que le métier de cuisinier a pris un autre sens : *de faire à manger, je suis passé à raconter une histoire* » déclare, dans un article paru dans *Libération*, le chef qui adolescent rêvait de s'orienter vers une formation artistique.

En magnifiant les « goûts de son territoire » dans sa cuisine régionale revisitée et inspirée des produits locaux (les champignons, emblèmes du restaurant ; les châtaignes, la lentille verte du Puy, le bœuf de Mezenc et l'agneau du Velay, entre autres), la famille Marcon a tout simplement métamorphosé un village en lui redonnant vie, dans une démarche très respectueuse de l'environnement : outre les trois établissements hôteliers (dont un Relais & Châteaux ayant reçu en 2009 le certificat Écolabel), le restaurant gastronomique, les gîtes (les Russules), le bistrot (La Coulemelle) et le salon de thé, Régis Marcon et son équipe animent encore une formidable boutique de vins (Cave Marcon), un spa niché en pleine nature, sans oublier le Bar de Païs, près de l'église, qui propose des concerts et animations toute l'année.

Celui qui depuis septembre 2020 n'a pas hésité à prendre en main la cantine de l'école communale, et à l'installer dans son hôtel où il accueille désormais chaque jour la quinzaine d'écoliers (menu complet au prix de 4 € par enfant), est aussi l'auteur - toujours très engagé dans des actions de formation en direction des jeunes - du rapport *Développer l'alternance dans le secteur de la restauration*.

Régis Marcon n'est pas seulement un magicien ; c'est aussi un chantre de l'éducation aux saveurs et de la transmission des savoirs, qui n'oublie jamais les habitants de son village, et n'hésite pas à soutenir généreusement les initiatives qui croisent ses idéaux de solidarité et de développement durable et gourmand !

© Laurence Barruel

Notre territoire

C'est un réel plaisir de soutenir cette initiative collective initiée par Sylviane Sambor.

Dans mon quotidien de cuisinier, je ne peux qu'être sensible à toutes ces actions qui rapprochent la nature et la cuisine.

Cela passe par la découverte de notre environnement, le respect du produit et des saisons, la complicité du producteur et du cuisinier. C'est le propre de notre métier de créer la rencontre, de vouloir le bonheur de nos hôtes autour d'une table.

Quoi de mieux quand cette cuisine s'inscrit dans un territoire, pas celui qui regarde seulement le passé, non, celui qui reste ouvert, qui innove avec son agriculture, qui l'associe au tourisme, qui privilégie l'initiation des enfants au bon goût, leur faisant ainsi découvrir leur pays.

Pour être heureux de vivre dans son territoire, il faut être fier d'y vivre, d'y travailler pour le collectif, et de donner ainsi plus de sens à notre quotidien.

« La cuisine ne peut qu'être bonne et belle quand elle nous rapproche de la nature. »

Régis Marcon

menu

menu

Partie 3. Regards gourmands, sur le Montmorillonnais

Partie 4. Perspectives

La nourriture est notre lien le plus profond avec le monde extérieur, avec la nature. Parce que nous mangeons, nous participons d'un système complexe que les anciens nommaient *la respiration de la Terre*. Le métabolisme est ce qui distingue les êtres vivants des êtres inanimés. Nous avons un métabolisme, ce que nous mangeons a un métabolisme, la Terre a un métabolisme. Tous les processus vitaux sont profondément liés les uns aux autres. Peut-être les racines du problème se trouvent-elles dans un modèle de développement qui a pris le dessus dans toutes les activités humaines, la nourriture n'échappant pas à la règle. L'industrialisation et la suprématie d'une vision réductionniste et mécaniste ont conduit au triomphe de la consommation : nous sommes devenus l'*homo consumens.*

Carlo Petrini,
in *Terra Madre, Renouer avec la chaîne vertueuse de l'alimentation,*
traduction de l'italien par Laurent Palet, éditions Alternatives, 2011

Slow food international

Né en 1949 dans la région italienne du Piémont, journaliste, sociologue et critique gastronomique, Carlo Petrini est un fédérateur de liens qui a créé en 1986 l'ONG Slow Food, en réaction à l'implantation d'un McDo sur la place d'Espagne à Rome. En 2020, ce mouvement international présent dans 160 pays réunissait quelque 100 000 membres.

Permettre à toutes les générations d'accéder à une alimentation saine et diversifiée, valoriser la proximité et le lien direct entre producteurs et consommateurs, préserver le patrimoine géographique et gastronomique des régions, redonner une valeur et un juste prix aux aliments, et mener des actions concrètes, locales et ancrées dans le présent, tels sont les principaux objectifs de Slow Food.

Slow Food®

Slow Food, c'est une attitude positive et constructive pour prendre le temps de savourer, de partager le « bien manger », de protéger la biodiversité naturelle et la diversité culturelle des humains..., et d'inventer ainsi un futur désirable, durable et solidaire !

www.slowfood.com

préface
PAR CARLO PETRINI

La clé de lecture de ce livre est dans son titre. Parce que si le mot « goût » évoque un aliment savoureux, qui satisfait notre palais, il est évident que le goût n'est pas seulement une affaire de saveur en bouche, mais qu'il est aussi - et peut-être surtout -, le fruit d'une interaction continue avec l'environnement. Précisément avec le territoire, et avec tous les éléments qui le composent.

À ce sujet, je dois dire que les expériences que j'ai vécues ces dernières années et les personnes que j'ai rencontrées m'ont agréablement frappé. Après plus de trois décennies de militantisme gastronomique, je constate enfin une prise de conscience croissante du rôle et du sens de la nourriture, qui est bien plus que la simple alimentation. En mangeant, non seulement nous satisfaisons un besoin biologique vital, mais nous nourrissons et faisons grandir aussi notre spiritualité, notre culture, notre sentiment d'appartenir à un territoire spécifique et à la société qui habite ce territoire. D'ailleurs je trouve fort belle cette expression qu'on rencontre dans les pages que vous allez lire, qui définit l'acte de manger comme « une construction collective du territoire ».

Et c'est justement à une collectivité - que je préfère définir par le terme de « communauté », qu'une partie de ce livre est consacrée, de façon précise et pertinente. Je parle des producteurs de **l'association Mont'Plateau à Montmorillon** en Nouvelle-Aquitaine. Voici des gens qui ont décidé de devenir acteurs du changement dans le territoire rural où ils vivent. Avec des expériences et des compétences différentes, ils sont unis par une passion pour l'alimentation et par la juste conviction que celle-ci peut être déterminante pour changer le système.

J'espère que ce livre sera un puissant stimulant en ce sens, qu'il sera un instrument de fierté et de reconnaissance non seulement pour les personnes qui y figurent, mais aussi pour la communauté des individus qui s'attachent à une transformation du tissu économique et social dans un sens plus humain, écologique et respectueux de la biodiversité. Une transformation où l'on éduque le goût et l'attention de tous à la bonne nourriture, aux personnes qui la cultivent et aux lieux où elle est produite. Avec la conscience que l'alimentation et l'avenir des territoires s'inscrivent dans un même discours, qui a pour objectif de créer des conditions de vie harmonieuses pour les personnes et pour l'environnement qui les accueille.

Traduction de l'italien par Typhaine Briand

partie 1

Alimentation et territoire,

les sens du verbe « manger »

© Justus Menke - Unsplash

1. Alicament : néologisme de l'industrie agroalimentaire. Il désigne des aliments, naturels ou industriels, qui seraient dotés de vertus d'ordre pharmaceutique.
2. Nano-aliment : aliment modifié scientifiquement, grâce à des nanotechnologies, pour améliorer ses propriétés.
3. Irradiation des aliments : technique de conservation des aliments qui consiste à exposer des aliments à des rayonnements ionisants afin de réduire le nombre de micro-organismes qu'ils contiennent.

1 Manger, c'est politique
SELON PAUL ARIÈS

MANGER N'EST PAS S'ALIMENTER

Que mangera-t-on demain ? Nos petits-enfants ne mangeront pas comme nous, comme nous ne mangeons pas non plus comme nos parents et nos grands-parents. Mais ce qui est inédit, c'est à la fois l'ampleur et le rythme de ce renouvellement de l'assiette, qui ne résulte pas d'évolutions culturelles, religieuses, climatiques mais d'abord de facteurs techniques et économiques. C'est l'apparition des OGM, des alicaments[1], des aliments restructurés, voire des nano-aliments[2] et des méthodes comme l'irradiation[3] (ou l'ionisation) des aliments, bref, des biotechnologies alimentaires.

Cette révolution suscite beaucoup d'inquiétudes et de combats dans la société, car elle représente la fin programmée du lien qui existe depuis la nuit des temps entre l'agriculture et l'alimentation. Deux rapports récents, de l'Académie militaire britannique et de l'Académie militaire du Canada, annoncent l'avènement d'une alimentation totalement artificielle, c'est-à-dire d'une alimentation sans paysans - et sans mangeurs dignes de ce nom, c'est-à-dire qui savent ce que manger veut dire, conscients que la dimension symbolique et rituelle de la table est essentielle.

L'alimentation ne satisfait pas que le corps biologique. Elle doit satisfaire aussi le corps onirique, le corps social, le corps spirituel et même le corps politique.

LA DÉSTRUCTURATION DU REPAS

Après l'artificialisation de la table, son industrialisation, voici la déstructuration du repas. On mange de plus en plus n'importe quoi, n'importe quand, n'importe comment, n'importe où et avec n'importe qui. Cette déstructuration est le maître mot de la délocalisation, de la désocialisation, de la désymbolisation, de la déritualisation de la table.

PIZZA « DÉSITALIANISÉE » ET « NÉFASTE-FOOD »

Quel est le plat le plus consommé au monde ? La pizza. Mais pour pouvoir globaliser la pizza il a fallu d'abord la « désitalianiser ». Il a fallu enlever ce qui était trop typé, l'ail et le basilic frais, et en faire une pâte sur laquelle on peut mettre un peu n'importe quoi, y compris de l'ananas. Cet appauvrissement culinaire et culturel fut la condition du succès commercial de la pizza. Le succès de la « néfaste-food » repose sur le choix de viser les sensations organoleptiques de base : le sucré, le salé, le craquant, le croustillant. On pourrait presque parler d'un palais reptilien comme on parle d'un cerveau reptilien. C'est la raison pour laquelle McDo n'est pas spécifiquement nord-américain. Si le Portugal avait été le pays le plus avancé dans la globalisation, McDo aurait été portugais. Si je veux faire plaisir à un enfant, quelle que soit son origine, européenne, américaine, africaine, asiatique, je lui donne un bonbon, parce que consommer du sucre, c'est immédiatement plaisant. Le plaisir alimentaire, cela s'éduque. Aujourd'hui nous mangeons largement sous le diktat du marché.

L'HUMANISATION PAR LA TABLE

Plus on regarde loin en arrière, plus on a des chances de pouvoir comprendre demain, à travers la recherche de grands invariants, et peut-être éviter ce qui nous attend si cela ne nous plaît pas. Concernant les tables préhistoriques, presque tout ce que nous avons dans la tête est faux. Nos plus lointains ancêtres étaient déjà de vrais humains. Ils savaient ce que manger voulait dire, c'est-à-dire qu'ils ne mangeaient pas seulement pour vivre. L'humanité s'est humanisée en humanisant son alimentation : en mettant à distance des nutriments pour en faire des aliments, grâce à l'invention des techniques de cueillette, de chasse, de stockage, d'assaisonnement, à l'invention d'outils et au développement de symboles et de rituels.

La signature biologique d'*Homo sapiens* est d'être un omnivore, ce qui a d'ailleurs permis à Claude Fischler de jouer avec les mots en parlant d'*Homnivore*. *Homo sapiens* a une ossature beaucoup plus fine que Néandertal, il a donc besoin de beaucoup moins d'énergie, ce qui est un avantage sur le plan alimentaire : manger moins et penser plus. Il organise autrement son approvisionnement végétal et carné, crée des stocks et imagine des techniques sophistiquées de conservation.

LES HOMMES À LA CHASSE ET LES FEMMES À LA CUEILLETTE ?

Au paléolithique supérieur, les grands froids ne permettent pas une alimentation végétale, c'est donc la période des grandes chasses - bœufs, bisons, chevaux, rennes. La chasse impose la coopération mais aussi le partage car un chasseur ne mange pas son propre gibier. Ces grands rassemblements donnent lieu à des rituels religieux basés sur l'abondance du gibier et aux premiers grands banquets. Le stockage de quantités importantes de viande étant impossible, on invente la logique du don et du contre-don.

Les hommes préhistoriques sont autant des charognards que des chasseurs. Le grand bouleversement sera l'invention du propulseur à javelot, puis de l'arc.

L'opposition entre cueillette féminine et chasse masculine est en partie fausse. Ce ne sont pas les activités mais les armes qui diffèrent. Le grand tabou, c'est le mélange du sang menstruel des femmes et du sang animal. C'est la raison pour laquelle les femmes vont assommer, empoisonner, alors que les hommes utilisent des techniques plus percutantes.

Le stockage est une des premières formes de création des biens communs, de l'apparition du politique. Comment stocker ? Par dessiccation, par séchage au soleil, par congélation dans les terres ou dans les eaux gelées, par salage, par enrobage de graisse, d'argile, de miel, de sucs de divers arbres, par utilisation d'herbes ayant une fonction fongicide, ou antibactérienne, par fermentation acide, etc.

L'AMOUR DU GRAS

L'assaisonnement change le statut de l'alimentation. Assaisonner, c'est instaurer la cuisine. La cuisine fut donc inventée bien avant la maîtrise du feu, bien avant la poterie. Ces premières cuisines vont se faire en utilisant les creux dans les rochers, les coquillages, la peau des bêtes, des trous dans la terre, des écorces, des crânes, des os. Une grande caractéristique du premier assaisonnement est l'amour du gras. D'où l'importance de l'utilisation de la moelle, des os et des cervelles. Le premier plat dans l'histoire de l'humanité est une sorte de bouillon gras, l'ancêtre de toutes les préparations culinaires.

La cuisson a précédé le feu par l'utilisation de pierres chauffées au soleil. D'ailleurs, les préhistoriens ne cessent de repousser dans le temps la date de la maîtrise du feu. On a su très vite utiliser différents types de combustibles, selon les feux souhaités en alimentation, c'est-à-dire des feux différents pour fumer la viande, des foyers avec conduite d'aération pour une cuisson plus rapide. Faire du feu demeure un acte symbolique durant l'essentiel de l'histoire de l'humanité. Par exemple frotter deux morceaux de bois pour faire du feu est interdit par l'Église vers l'an 800, parce qu'on ressent encore dans cette façon de faire du feu une dimension symbolique sexuelle.

L'alimentation a été un prétexte, dès le départ, à créer des biens communs. Ce qu'on pourrait considérer comme les premiers services publics : création de biens communs par l'organisation des grandes chasses, du stockage, des échanges, par l'entretien du feu et bien sûr par la commensalité, le fait de partager le repas. La société politique vient de l'habitude de faire ensemble un certain nombre de choses, dont naturellement l'alimentation.

MÉSOLITHIQUE, UNE CIVILISATION VÉGÉTALE

Au mésolithique, le climat plus doux favorise une alimentation plus végétale. C'est la période des derniers chasseurs-cueilleurs avec le développement des premiers villages semi-sédentaires, des premiers silos à grains, des premiers greniers et de la domestication animale.

La préparation des viandes domestiques et sauvages se différencie sans que l'on sache véritablement pourquoi. Il y a une surconsommation des jeunes animaux afin de bénéficier du lait de leurs mères, et des mâles pour préserver les reproductrices.

S'intensifie aussi la cueillette des mollusques et des crustacés grâce à un outillage rustique mais largement suffisant. Parmi les techniques de pêche apparaît l'empoisonnement des cours d'eau notamment avec du laurier-rose, de la férule, du bouillon-blanc, etc.

C'est le début également de la domestication végétale. On peut parler d'une civilisation végétale. Au regard des stocks accumulés, on est convaincu aujourd'hui que la cueillette n'était pas individuelle mais collective, de même que la consommation lors de banquets végétariens.

FESTINS DE COMPÉTITION

L'alimentation va devenir un bien prestigieux, un marqueur de hiérarchie sociale. Grâce à l'organisation de grands banquets, on peut faire étalage de sa richesse, avec une obligation de surenchérir. La société commence à se diviser, avec notamment l'apparition des premiers banquets discriminatoires, ouverts à quelques membres du groupe, banquets de sociétés secrètes, de type chamanique.

Une petite minorité met la main sur les stocks alimentaires parallèlement au développement du phénomène religieux. Elle détient le monopole de la consommation des premières boissons fermentées, condition pour accéder au surnaturel, communiquer avec l'au-delà, avec les morts. Le grand préhistorien Bryan Hayden avance la thèse du triple A pour ces premiers chefs : avides, agressifs et accumulateurs. Je ne suis pas certain que les choses aient changé depuis trois cent mille ans...

NÉOLITHIQUE SANS RÉVOLUTION

La révolution néolithique n'est ni révolutionnaire ni néolithique car il existait déjà des sociétés de cueilleurs chasseurs sédentaires. L'agriculture n'existe que depuis 10 000 ans, soit à peu près 500 générations. Le passage à l'agriculture n'avait rien d'obligatoire. Il a été mis en œuvre par des groupes humains venus de l'Est. Les populations locales, restées adeptes de la chasse et de la cueillette, sont très vite marginalisées économiquement et politiquement.

Les festins du néolithique se déroulent dans des lieux fermés, dans des maisons communes ayant des formes arrondies alors que les maisons ordinaires sont rectangulaires. Soulignons l'importance des conseils des anciens, formes obligatoires de transmission des savoirs dans des sociétés orales, l'importance de la chefferie, c'est-à-dire la fin des repas égalitaires, et encore l'obligation de gaspiller plus que le voisin pour pouvoir montrer son pouvoir.

MÉSOPOTAMIE, LE PRINCIPE DE LA RATION OBLIGATOIRE

Notre table actuelle reste encore tributaire des tables antiques. En Mésopotamie (de 3500 ans à 200 avant J.-C.) naissent les premières cités-États et le développement d'un clivage entre l'alimentation des puissants et celle du peuple, qui travaille pour le palais et reçoit en échange une ration. Suffisante du point de vue alimentaire, cette ration varie selon la fonction dans la société, selon le sexe, selon l'âge. Par exemple, deux litres d'orge par jour pour un homme et un litre pour une femme. Le principe de la ration obligatoire tient aussi au fait que les puissants ont dû pendant très longtemps nourrir, sur la base des richesses qu'ils s'étaient appropriées, le reste de la population.

DIABOLISATION DU PORC

En Mésopotamie, on mange agenouillé, en signe d'humilité et de reconnaissance, et on se sert de la main. On a déjà une centaine de pains différents, avec des épices, des fruits, du miel. Chaque type de pain est consommé en fonction des occasions. Le reste du repas est composé d'huile, de fèves, de grains de sésame, d'oignons, d'eau, de légumes et de fruits. On fait déjà de nombreuses pâtisseries, des pains d'épices, des gâteaux fourrés de dattes, de pommes, de figues, de miel. Le poisson et la viande ne sont pas rares pour le peuple mais le bœuf, le mouton, le canard, le pigeon, la tourterelle sont réservés aux puissants, et le peuple mange du porc. C'est sans doute le début de la diabolisation du porc.

On oppose souvent les boissons dites naturelles - eau pure ou aromatisée, lait - aux boissons fermentées. L'ancêtre de la bière est appelé «liquide enivrant». Ces bières sont rouges, noires, blanches, douces, très douces, selon les céréales. On les consomme coupées d'eau.

Les Babyloniens opposent les aliments dits naturels et les aliments élaborés par l'homme. Cette alimentation artificielle est préférée, à travers notamment le couple pain-bière. Montrer qu'on est pleinement humain, c'est manger différemment que les animaux et donc manger des aliments transformés.

MANGER ET PARLER

L'Égypte antique est la première civilisation à avoir conçu sa table comme un langage. Il y a un seul hiéroglyphe pour dire « je mange » et «je parle». Les Égyptiens avaient compris le rapport entre les deux oralités - manger, boire et parler - quelques millénaires avant Freud. Ils ont inventé des centaines de symboles alimentaires. Par exemple, le pain est vécu comme le symbole de la vie éternelle, et le vin comme le symbole de l'humanisation. Boire du vin, c'est rappeler à l'homme quelle est sa place, entre les animaux et les dieux.

L'Égypte antique est caractérisée par son pouvoir centralisé, prédateur, mais un système de compensation existe : de grandes fêtes organisées pour le peuple - on sait que dans toute société il y a un compromis social. Par exemple, Ramsès III fait distribuer 441 000 poissons et 126 250 volailles lors d'une fête qui dura plusieurs jours. Les puissants ont l'obligation d'organiser régulièrement des repas pour des milliers, voire des dizaines de milliers de personnes.

La principale conséquence de la division de la société, c'est le principe politique de la ration alimentaire, comme en Mésopotamie. Chaque ouvrier reçoit dix pains d'un kilo et une mesure de bière mais un chef reçoit deux cents pains et cinq mesures de bière, avec en plus des légumes, du poisson, de l'huile, de la graisse et du bois. Les produits qu'ils ne consomment pas sont revendus à ceux qui ne travaillent pas pour le système et sont exclus du principe de la ration.

Donc la ration pain-bière est le symbole de la soumission. Ce n'est pas un droit de l'ouvrier, comme plus tard dans la Grèce ou dans la Rome antique, mais un devoir du maître. Les élites vont bien sûr se démarquer du pain-bière populaire en valorisant le vin et le riz. Systématiquement les puissants veulent manger autrement et autre chose, avec notamment la recherche de l'alimentation la plus grasse et la plus sucrée possible.

MANGER C'EST PARTAGER

Dans la Grèce antique, il y a un seul mot pour dire manger et partager. Manger, c'est obligatoirement partager. Être surpris en train de manger seul est une faute sociale, condamnable. Mais les Grecs anciens ne sont pas stupides, ils se doutent bien que parfois on peut avoir un petit creux et qu'on n'a pas forcément quelqu'un avec qui partager. Donc ils distinguent la nutrition – simplement satisfaire le corps biologique – et l'alimentation. Lorsqu'on doit manger seul, il faut obligatoirement manger debout, manger des restes et manger froid. Parce que cela ne vise que le corps biologique. En revanche l'alimentation noble, celle qui vise le corps politique, est codifiée de façon importante. La société qui invente la démocratie est celle qui pousse le plus loin l'art du banquet, de la façon de s'asseoir ou de s'allonger à la circulation du vin et de la parole.

Je suis admis au banquet donc je suis citoyen. Le plat démocratique par excellence – c'est-à-dire qu'on invente à la fois le banquet politique et la démocratie –, c'est la fricassée : parce que chaque morceau de viande est équivalent et qu'on ne peut plus avoir des bons et des bas morceaux.

POLICE ROMAINE DE LA TABLE

Quitte à devoir manger ensemble, autant manger de bonnes choses, nous disent les Romains. Aucune société n'a autant dépensé pour son alimentation. À tel point qu'ils ont mis en place des «lois somptuaires» afin de limiter le droit de dépenser pour les banquets, notamment en ce qui concerne le nombre de convives, et de restreindre ou d'interdire certains mets en certaines occasions. Des brigades de police spéciales étaient chargées de faire appliquer ces lois. Cela nous heurte aujourd'hui parce que nous ne savons plus ce que manger veut dire.

Nous avons perdu l'habitude de considérer que notre alimentation engage toute la société, politiquement, et ne nous engage pas seulement nous, individuellement.

CUISINE DES MÉTAMORPHOSES ET DES SUBTERFUGES

Mais les Romains ne vont jamais cesser de tricher. Ils développent deux cuisines. Dans la cuisine des métamorphoses, ils vont donner l'apparence, la forme, le goût, la consistance de mets interdits à des aliments autorisés. Une sorte de pied de nez. Des chefs romains ont réalisé des progrès extraordinaires dans le domaine des technologies alimentaires, comme par exemple présenter de fausses huîtres composées de champignons dans de vraies coquilles d'huîtres. Quelques chefs, aujourd'hui, ont redécouvert ce savoir-faire et, pour y avoir goûté, je peux vous assurer qu'on ne voit pas la différence. Quant à la cuisine des subterfuges, il s'agissait à l'inverse de donner la forme, le goût, la consistance de mets autorisés à des produits interdits.

LES GAULOIS, EXCEPTION CULTURELLE

Les Grecs et les Romains étaient très offusqués par la façon de manger des Gaulois, et pas seulement parce qu'ils buvaient leur vin pur. Ils ne comprenaient pas pourquoi les Gaulois, bien qu'excellents agriculteurs et éleveurs, s'entêtaient à rester des chasseurs et des cueilleurs. C'était la grande exception culturelle…

L'aristocratie gauloise a l'obligation d'offrir régulièrement des banquets au peuple. Le clientélisme est le principe politique de base. Un Gaulois très riche qui voulait absolument être élu roi a nourri toute la population locale pendant une année pleine.

Les Gaulois sont également clients de confréries professionnelles, culturelles, religieuses, autant de bonnes raisons de banqueter. Contrairement à ce que l'on voit dans *Astérix*, le banquet gaulois a toujours lieu dans un enclos, façon d'établir une séparation entre ceux qui ont droit à une part et les autres. Mais l'enclos lui-même est divisé pour respecter la hiérarchie. Tout le monde n'accède pas au cœur de l'enclos. Le banquet gaulois est un gaspillage d'aliments et de boissons, parce que gaspiller c'est montrer sa richesse.

L'autre caractéristique de ce banquet tient dans l'importance des discours mais il était interdit de parler politique. On se lançait des défis, on se bagarrait beaucoup, comme dans *Astérix*. On mangeait et buvait avec excès, les repas étaient pris assis sur des bancs, avec des galettes, beaucoup de fromage, de charcuteries, de porc grillé, mais aussi du mouton, on buvait de la cervoise, ancêtre de la bière, de l'hydromel et, de façon exceptionnelle, du vin.

BANQUETS DE «ROIS FAINÉANTS»

J'aimerais réhabiliter la table mérovingienne (Ve-VIIe siècle), dont les fameux «rois fainéants» véhiculés dans un chariot avec des bœufs, ne sont qu'une image répandue par la suite par les Carolingiens. C'est en fait une période d'abondance et de diversification. Les Mérovingiens mangent beaucoup, mais autrement que les Francs, nouveaux maîtres du pays, buveurs de lait et grands carnassiers. Ils partagent leur repas avec leurs épouses et leurs enfants. Les banquets sont essentiels puisque le roi est itinérant. Donc banqueter au fur et à mesure des déplacements est la base de l'organisation politique du royaume.

Après l'effondrement de l'empire romain, le retour à la cueillette et à la chasse a permis au petit peuple de mieux manger. Malheureusement, l'alliance des anciens et des nouveaux maîtres, Gallo-Romains et Francs, se fait sur le dos du peuple. Ainsi le barbare ce n'est plus celui qui boit du lait et mange de la viande mais celui qui vit des forêts, des marais et des landes. L'Église va s'allier au seul peuple non chrétien, les Francs, pour mieux combattre le paganisme gaulois et les hérésies chrétiennes. Elle va même abandonner son principe de frugalité pour plaire aux Francs et va défendre, notamment avec Sidoine Apollinaire, l'idée que bien manger c'est beaucoup manger, et beaucoup de viande. À condition de compenser cette voracité par la lecture de textes sacrés ou de conversations religieuses. En fait, l'Église affirme que chacun doit manger en fonction de son statut social : frugalité pour le peuple, voracité carnée pour les puissants. Finalement le péché de gourmandise, ce n'est pas tant le fait de trop manger que d'envier la table des puissants.

TROIS GRANDS COUPS POLITIQUES

Notre table moderne est le résultat de trois grands coups politiques. Le premier s'opère sous la monarchie absolue. Louis XIV, le Roi-Soleil, qui se voit au centre du monde, veut inventer la table française. Cela va donner une sorte de cuisine italienne augmentée par l'art des sauces, et surtout une nouvelle mise en scène savante des repas. On développe la pâtisserie, considérée comme une branche de l'architecture. Il était inscrit sur le fronton des temples grecs : « Que nul n'entre ici s'il n'est géomètre ». La pâtisserie devient une façon de marquer la puissance de la Raison face à une Église obscurantiste.

DIFFÉRENCIER LES SAVEURS POUR APPRENDRE À DIFFÉRENCIER LES IDÉES

Le deuxième coup politique majeur, c'est la philosophie des Lumières dont la conception politique et philosophique de la table marque la Révolution française. Si les gens apprennent à différencier les saveurs, il y a plus de chances qu'ils sachent aussi différencier les idées. Cela bouleverse complètement notre conception et notre pratique de l'alimentation. C'en est fini du vieux service à la française où l'on apportait tous les plats en même temps, et où chacun papillonnait à sa guise. Papillonner, c'est plaisant mais ça ne se pense pas.

L'objectif est de parvenir à marier la République du ventre avec la République du cœur et la République de la Raison. On va mettre fin à la cuisine du mélange, du sucré-salé, car on ne peut penser que des oppositions. Idem pour la cuisine du tiède. On institue le repas ternaire : entrée, plat principal, dessert. Il faut structurer la table pour pouvoir structurer le palais et structurer l'esprit.

Ceux qui deviendront les hussards noirs de la République, les enseignants, devront apprendre non plus seulement à lire mais à écrire, à compter et à différencier les saveurs : le sucré, le salé, l'acide, l'amer.

Jusqu'en 1793, la Révolution française a essayé d'imaginer ce que pouvait être une table suffisante pour tout le monde et bonne à penser. Mais cela tourne mal, et s'imposera à nouveau le séparatisme alimentaire.

DE LA CHÂTAIGNE POUR LES FEIGNANTS

Un événement historique considérable qui s'amorce sous la monarchie absolue et se poursuit sous la République, puis sous l'Empire, c'est l'arrachage systématique des châtaigniers. Des dizaines d'ouvrages l'affirment : la châtaigne entretient la fainéantise. Parce qu'on n'a pas besoin de se tuer au boulot pour pouvoir manger. D'ailleurs, on la nomme aussi le pain de bois. On dit aussi que la châtaigne remet en cause la place des hommes dans la société, le machisme, parce qu'un vieillard, une femme, un enfant peuvent tout aussi bien ramasser et préparer les châtaignes. C'est un aliment révolutionnaire dans la mesure où les gens, n'ayant plus besoin de perdre leur vie à travailler, ont du temps pour se rassembler, discuter, faire de la politique et la révolution.

LA TABLE BOURGEOISE

Le XIXe siècle est considéré comme l'âge d'or de la grande gastronomie. C'est vrai pour la bonne société bourgeoise mais pour l'immense majorité des Français, c'est le régime des ersatz alimentaires, période où nos scientifiques et nos médecins cherchent à nourrir le peuple avec tous les déchets possibles, notamment les os. On invente une alimentation totalement artificielle mais qui apporte les nutriments nécessaires. Une invention de la «malbouffe» avant l'heure.

PAUVRETÉ ÉCONOMIQUE ET RICHESSE CULTURELLE

Il me semble que l'alimentation des pays les plus pauvres sur le plan économique est l'alimentation la plus riche sur le plan symbolique et rituel alors que l'alimentation des pays les plus riches sur le plan économique est l'alimentation la plus pauvre sur le plan culturel, symbolique, rituel.

D'autre part, je suis convaincu qu'on ne réussira pas la transition écologique si on ne marie pas les politiques agricoles nécessaires avec des politiques alimentaires. En effet, l'agriculture représente aujourd'hui le tiers des émissions de CO_2 ; si on voulait manger écologiquement responsable il faudrait, en moyenne, pour un Français, réduire par six les émissions de CO_2. En France, un peu plus d'un repas sur deux se fait dans le cadre de la restauration sociale - restauration scolaire, d'entreprise, hospitalière, pénitentiaire, militaire, etc. Si on avait la volonté politique, ce secteur social deviendrait un puissant levier pour faciliter l'adaptation de l'agriculture. Il suffirait de modifier le code des marchés publics et les cahiers des charges.

POURQUOI DE LA BÛCHE À NOËL ?

D'autre part, il faut à nouveau symboliser notre alimentation. Nous sommes nombreux à manger une bûche à Noël, mais souvent nous avons oublié pourquoi. En fait, c'est en souvenir d'une pratique multiséculaire durant laquelle, aux équinoxes, on brûlait une bûche de bois dans l'âtre. Si ce bois choisi suffisamment vert, un peu humidifié, durait jusqu'au matin, c'était une promesse de fécondité pour la terre et pour les femmes.

Quand nous ne savons plus pourquoi nous mangeons telle ou telle chose, la seule façon de faire la fête, c'est de faire bombance, c'est de chercher les aliments les plus chers, d'être dans le gaspillage.

Un repas de noces à Yport, 1886 (détail) -A. Fourié © Licence Creative Commons Attribution / Musée des Beaux-Arts de Rouen

MANGER, C'EST FAIRE DU MOI AVEC DE L'AUTRE

Symboliser et ritualiser la table est aussi une façon de remplacer les nutriments excédentaires. Aujourd'hui, ici, on n'a plus peur de manquer mais plutôt de trop ou de mal manger. Et on n'a pas réglé l'angoisse devant la nourriture car manger, c'est faire du moi avec de l'autre. Il y a une peur de se métamorphoser sur le plan anthropologique. C'est pourquoi on aura toujours un rapport angoissé à la table. La seule façon de résoudre cette angoisse est sans doute de la gérer sur le plan culturel, sur le plan symbolique, sur le plan des rituels.

Texte de **Jean-Luc Terradillos** restituant - dans la revue *L'Actualité Nouvelle-Aquitaine* n° 116, avril 2017 - une intervention publique du politologue **Paul Ariès** à la Foire d'automne de Poitiers le 7 octobre 2016, à l'invitation de l'Espace Mendès France, dans le cadre des conférences « Créativité et territoires ». (https://actualite.nouvelle-aquitaine.science/)

Paul Ariès a publié, entre autres, *Une histoire politique de l'alimentation, du paléolithique à nos jours*, éd. Max Milo, 2016 ; *Le socialisme gourmand (Le Bien-vivre : un nouveau projet politique)*, éd. La Découverte, 2011 ; *Manger sans peur*, éd. Golias, 2011 ; *Le Goût* (avec Gong Gang), éd. Desclée de Brouwer, 2000 ; *Le Fils de McDo*, éd. L'Harmattan, 2000 ; *La Fin des mangeurs*, éd. Desclée de Brouwer, 1997.

Jean-Luc Terradillos, journaliste et rédacteur en chef de la revue *L'Actualité Nouvelle-Aquitaine*, est l'auteur de *Poitiers romane et romanesque*, éd. Geste, 2005.

2 Manger, c'est économique

PAR JACQUES MATHÉ

Pourquoi économique ? Parce que manger c'est établir une relation marchande entre un producteur, un transformateur, un distributeur, pour fournir un bien alimentaire à un client consommateur.

Pendant des millénaires les hommes ont consacré leur temps à chercher et préparer de la nourriture (cueillette, chasse, puis élevage et culture) ; ce n'est qu'à partir du moment où ils sont devenus plus sédentaires, notamment en se regroupant dans des villages puis des villes, qu'une division des fonctions alimentaires est apparue. Certains sont devenus les fournisseurs des autres. La distanciation entre les fonctions de production et de consommation a sacralisé la valeur marchande du contenu de l'assiette, entraînant pour le consommateur une méconnaissance générale du contenu de cette valeur. *À quoi correspond le prix de mon assiette ?* se demandent nombre de mangeurs.

La renaissance des productions locales rapproche producteurs et consommateurs, mais la relation marchande perdure (heureusement pour les producteurs). En revanche, la valeur des biens alimentaires de proximité paraît désormais plus lisible pour les *locavores*[1].

Par ailleurs, la division ultra poussée de nos schémas alimentaires (on peut parler d'*atomisation de l'assiette*) a eu pour conséquence d'éloigner des zones de production (fermes et unités de transformation) l'essentiel de la création de valeur. Les productions locales ont la vertu de concentrer la chaîne de valeur dans les territoires de production. *Manger, c'est économique* ; manger local, c'est ancrer la valeur de l'assiette dans les territoires.

1. Locavores : qui consomment des produits alimentaires locaux.

LE TERRITOIRE RURAL, RELAIS DE CROISSANCE ÉCONOMIQUE

Le territoire rural, comme source de création de richesse, est une nouvelle donne qui semble avoir été grandement oubliée par les aménageurs (politique nationale d'aménagement des territoires), mais aussi et surtout par la politique agricole commune qui est orientée vers un soutien prioritaire aux produits de masse soumis à une forte volatilité. Les productions localisées, territorialisées, souvent produites en petit volume, sont peu concernées par les soutiens publics. Pourtant leur impact sur la vie des territoires est primordial. Ce sont principalement des productions à valeur ajoutée, c'est-à-dire qu'elles nécessitent d'y incorporer de forts *inputs*, souvent disponibles sur le même territoire. Ces *inputs* sont de la main-d'œuvre et des consommations de services locaux, principalement de l'artisanat (métiers du bâtiment). On estime que pour 100 € de valeur créée à la production, le produit du terroir apporte 250 € de valeur finale redistribuée sur le territoire. Pour la même valeur de 100 € de blé cultivé dans la Beauce et exporté comme une matière première, la valeur répartie sur le territoire est inférieure à 10 € : c'est absolument ridicule ! Ajoutons que pour produire les mêmes 100 €, les produits du terroir vont utiliser plus de 50 € de consommations intermédiaires issues du territoire, alors que les céréales vont utiliser des consommations intermédiaires (engrais, produits phytosanitaires) et des coûts de matériel provenant de l'extérieur du territoire, souvent même importés. On mesure donc facilement l'impact des productions locales sur la création de richesse.

Dans le Lot-et-Garonne, à Cancon, la coopérative Unicoque démontre cet impact économique d'une production territorialisée. Nous sommes en 1980. Trois jeunes agriculteurs subissent de mauvaises années dans la production de pruneaux. Ils décident, à la suite d'un voyage en Oregon, de se diversifier dans la noisette, fruits à coques quasiment inexistants en France. À l'époque, le marché français et européen était approvisionné par la noisette turque pour les gros volumes et par la noisette de l'Ouest américain pour le marché haut de gamme. Fin des années 80, la coopérative est créée, les premières noisettes sont disponibles sur le marché français. Le développement est constant depuis les premières années de plantation. En 2016, Unicoque contrôle 100 % du marché français et 40 % du marché européen, aucune noisette américaine ne rentre plus sur le marché de l'UE. Aujourd'hui, la marque KOKI s'impose jusqu'en Chine et a réussi en quelques années à représenter 20 % des débouchés ! 350 producteurs, 1500 emplois directs, avec l'objectif de multiplier les volumes par trois ! Cette réussite montre la capacité d'un territoire à s'organiser, à créer des richesses, à irriguer le tissu socio-économique.

La France rurale regorge d'exemples d'économie structurante issus du lien entre agriculture et territoire. Parfois ces liens sont ancrés dans l'histoire. Le cas du fromage de Comté dans le Jura illustre cette capacité des territoires à innover pour survivre. Car le développement territorial, c'est aussi le combat de femmes et d'hommes qui choisissent de vivre dans un espace géographique qu'ils vont façonner en pensant d'abord à sa pérennité.

La vallée des Aldudes (Pays basque), associée au renouveau du jambon basque et du porc Kintoa, témoigne aussi de cette forte volonté de perdurer grâce à des productions agricoles revisitées. Pierre Oteiza illustre à lui seul le combat de visionnaires qui ont compris, avant que le local ne soit « tendance », que la mise en valeur de compétences, de savoir-faire, d'organisation de réseaux d'acteurs avec toute la coordination que cela exige, est créatrice de richesses économiques mais aussi et surtout relationnelles.

Dans ces territoires, ceux qui réussissent sont ceux qui ont la capacité d'aller chercher les bonnes personnes, de les entraîner avec eux. Ils utilisent le territoire comme un support et savent exprimer les choses les plus importantes de manière assez simple. Mais comme dans un sport collectif, « on ne joue pas perso » sinon on court à l'échec. Aujourd'hui, il n'y a pas de limite à la créativité dans le champ alimentaire. Les consommateurs sont moins formatés qu'il y a vingt ans. Les territoires deviennent des sources d'innovation, des champs de créativité.

Finalement, un territoire est d'abord une somme d'intelligences. Tous les territoires en sont pourvus, c'est la mise en musique qui est compliquée. Ce qui crée la richesse économique, c'est l'agrégation des intelligences.

Le mouvement de retour vers les territoires dépasse largement la France et l'Europe. On l'observe beaucoup en Amérique du Nord : il s'est développé sur la côte Ouest, dans l'Oregon, à Portland, mais aussi dans l'État du Vermont, qui est un laboratoire à lui tout seul. L'État du Wisconsin est réputé pour ses expériences innovantes dans le lien entre rural et urbain, voire dans la mixité des deux systèmes. Dans tous ces territoires, on recrée des activités économiques en interaction avec les deux espaces, qui se nourrissent l'un l'autre. Au Maroc, le gouvernement veut privilégier le développement de son agriculture par la valorisation des produits du terroir et donc par la création de richesses au plus près des populations rurales. Cette consécration du territoire comme producteur de valeur économique issue du secteur alimentaire redonne du sens à une économie de proximité, véritable levier du développement économique territorial.

© L'Escampette

L'ÉCONOMIE DE PROXIMITÉ : DE LA VALEUR AJOUTÉE TERRITORIALE

L'économie de proximité se définit comme un mode d'organisation autour de la relation directe : relation des entreprises avec les consommateurs, relation entre entreprises elles-mêmes, ancrage dans la vie locale. Elle est source d'emplois et renforce la vitalité territoriale. Son objectif est d'augmenter la création de richesses locales en valorisant les atouts du territoire.

Depuis la Révolution industrielle, la majorité des économistes, des hommes politiques et des entrepreneurs ont considéré que la voie de la croissance économique passait par la concentration des entreprises et leur localisation majoritairement dans les capitales (cf. *Paris et le désert français*, le fameux livre du géographe J.F. Gravier, en 1947). Cette concentration se manifestait soit en termes de capital financier et humain, soit en termes de localisation des activités dans les régions du globe où les coûts de production étaient les plus faibles. Les territoires ruraux, excentrés, mal dotés en capital, étaient des territoires de crise (notamment pour toutes les activités relevant des matières premières peu transformées localement et à faible valeur ajoutée).

Pourtant, depuis les années 1980, des économistes ont montré que des territoires organisés et dynamiques affichaient de bien meilleures performances économiques que les grandes métropoles. Ils ont fait émerger le fait qu'une économie de proximité co-existait en parallèle d'une économie plus globalisée.

L'objectif de l'économie de proximité est d'augmenter le bien-être en valorisant le territoire par les acteurs qui l'habitent. Elle paraît plus compréhensible et plus humaine, en un mot *accessible*. Pour la rendre possible, le maître mot semble être la *coordination* des activités et des acteurs. Du fait de la taille limitée des firmes et organisations dans les territoires ruraux et de la limite des capitaux disponibles, les acteurs sont incités à travailler ensemble, à partager des moyens de production ou à se spécialiser dans une suite de tâches pour réaliser le produit/service fini.

Évidemment, tous les territoires et tous les acteurs n'ont pas la volonté de se coordonner. Les analystes distinguent ainsi des territoires gagnants, alors que d'autres, bénéficiant pourtant des mêmes atouts, ne développent aucune dynamique. La région Bretagne, le Pays Basque, les Savoies et, aujourd'hui l'exemple le plus marquant, la Vendée, sont des espaces territoriaux où la coordination des acteurs a permis de densifier le tissu socio-économique. Dans ces régions, l'économie de proximité représente de 50 à 80 % de la création de richesse. On notera aussi que l'économie de proximité amortit efficacement les soubresauts de l'économie mondialisée. Enfin, le « vouloir réussir au pays » caractérise souvent l'engagement des différents acteurs de *ces territoires en mouvement*.

L'économie de proximité est source d'emplois induits et renforce la vitalité du territoire. Une entreprise agro-alimentaire aura besoin d'artisans pour gérer la chaîne du froid, de transporteurs, de prestataires de services. Les emplois induits n'apparaissent pas que chez les sous-traitants mais aussi dans les infrastructures locales (services publics) qui dépendent de la densité de population générée par l'activité économique.

C'est ce que l'on va appeler *l'économie présentielle* : économie marchande de biens et services résidentiels, activité non marchande de services centrés sur la satisfaction des besoins vitaux des populations, touristes inclus. Elle se compose de métiers qui se développent, dans différents secteurs, grâce à des populations consommatrices : alimentation, agriculture, marchés, commerces de proximité, services à la personne, services de santé, conseil en informatique et en nouvelles technologies, entretien de l'habitat, etc.

Le laboratoire CRIEF de la faculté de Sciences économiques de l'université de Poitiers vient de mesurer que la valeur ajoutée territoriale apportée par des activités économiques spécifiques sur un territoire peut afficher un coefficient multiplicateur de 2,5 à 3 ! Comme cela a déjà été illustré avec la filière « noisette » en Lot-et-Garonne, pour 100 € de valeur ajoutée provenant de la filière, 250 € de richesse auront été créés sur le territoire. Des travaux similaires au Pays basque font apparaître un coefficient multiplicateur de 3 dans la filière du porc Kintoa. Le secteur de l'artisanat (bâtiment surtout) et des services de proximité sont les grands gagnants de cette création de valeur ajoutée territoriale.

L'ÉCONOMIE DE PROXIMITÉ NE SE DÉCRÈTE PAS, ELLE SE CONSTRUIT

Face à ces constats, la question est de savoir quelles sont les clés du succès de cette économie pour créer de la valeur, notamment dans les productions alimentaires ?

Pour réussir, quatre conditions inséparables sont nécessaires. Tout d'abord le territoire doit posséder **des savoir-faire**, des atouts (des produits, des techniques, une localisation...) qui vont lui permettre de se différencier. On cite souvent la « Plastics Vallée » dans la région d'Oyonnax, l'industrie du jouet y étant associée. Dans un autre domaine, les savoirs liés à l'alimentation caractérisent nombre de territoires en France.

Les acteurs doivent ensuite être capables de mettre en œuvre ces savoir-faire en mobilisant des **compétences adaptées**. De nombreux territoires possèdent des savoir-faire qui sont oubliés ou peu mis en œuvre faute des compétences nécessaires. La richesse des territoires français s'est construite au fil des siècles ; des spécialisations ont vu le jour, des savoirs particuliers ont fait leur notoriété, mais la globalisation a donné l'illusion que l'herbe était plus verte ailleurs. Et beaucoup sont tombés dans l'oubli.

Ces deux premières conditions vont alimenter des trajectoires d'entreprises, de filières économiques autour d'histoires, d'expériences, d'identités qui vont donner du corps au produit fini. C'est cela aussi que les clients attendent dans un produit territorialisé. Et ce facteur est souvent oublié dans le marketing des produits issus des territoires. À trop vouloir uniformiser leurs modèles productifs, les filières agricoles ont perdu leur âme. C'est autour d'identités retrouvées que se construisent aujourd'hui les plus belles réussites des producteurs locaux.

Enfin, dernière condition, la dynamique territoriale va se mettre en œuvre si les acteurs (élus, entrepreneurs, force publique...) prennent des risques, innovent, sont **créatifs**. Ce qui différencie les « territoires mous » des « territoires en mouvement » s'explique souvent par ces capacités d'innovation.

L'économie de proximité sera-t-elle l'économie du 21e siècle grâce au repositionnement des modèles alimentaires ? Sera-t-elle l'économie qui redonnera du sens à des territoires oubliés par les grandes métropoles ? La réussite de filières et de paysans-artisans depuis une quinzaine d'années apporte une réponse positive à ces interrogations.

CRÉER DE LA VALEUR, C'EST CRÉER DE LA RECONNAISSANCE POUR LES PRODUCTEURS !

Le boom des circuits courts s'appuie principalement sur la dynamique de la demande des consommateurs. Il est aussi alimenté par le besoin de (re)valoriser le métier d'agriculteur et par la recherche d'une reconnaissance à travers une relation directe avec le client final. Cela répond à la perte de sens d'une activité qui, en se modernisant, en s'intensifiant, a davantage mis en valeur les moyens de productions (taille de l'exploitation, traction, génétique...) que les hommes et les femmes qui les mettaient en œuvre. Le rôle de l'agriculteur s'est ainsi progressivement réduit à celui d'un producteur de commodités, les producteurs devenant aussi indifférenciés que les productions qui

Produit
FRAISES
Variété
Cat.
FR-BIO-01
AB
AGRICULTURE BIOLOGIQUE
Origine
JARD'INSOLITE
86 SAULGÉ
Barquette
3,00 €

sortent de leur ferme. Nombre d'entre eux se demandent à quoi ils servent dans la complexité de la chaîne alimentaire ; ce n'est pas qu'un problème de revenu, mais aussi de perte de reconnaissance.

Retrouver le sens du métier passe donc par une recherche de création de valeur qui nécessite un modèle économique plus rémunérateur. Mais là n'est pas l'essentiel. Les agriculteurs, dans ce nouveau lien avec le client final, sont créateurs de valeurs immatérielles, des valeurs qui mettent en avant la personnalité du producteur, ses compétences, son lien au territoire, ses talents de communicant, sa capacité à créer du plaisir. Bref, les agriculteurs en circuits courts nourrissent autant l'assiette que l'esprit de leurs clients.

La reconnaissance, qui redonne du sens au métier, s'exprime dans le regard de l'autre, dans les échanges humains qui s'instaurent entre producteurs et acheteurs. Vendre sur un marché de producteurs peut être astreignant, surtout quand les conditions climatiques sont difficiles. C'est cependant largement compensé par tout ce qui naît d'une humanité partagée : sourires, gentillesse et félicitations des clients adressés au producteur pour le goût de ses fromages, pour le plaisir pris à manger ses produits avec des convives, etc. Le supplément de plaisir apporté aux acheteurs justifie aussi un prix de vente supérieur à celui des produits indifférenciés, et génère donc une valeur complémentaire dans la rémunération du travail du producteur. On pourra regretter que certains producteurs fermiers oublient parfois de l'intégrer dans leur prix de vente, se privant ainsi de la juste rétribution « du plus » qu'ils offrent à leurs clients.

FIXER LE (BON) PRIX DES PRODUITS ALIMENTAIRES LOCAUX, UN EXERCICE DÉLICAT

Le prix s'oublie, la qualité reste. Cette célèbre maxime de Michel Audiard dans le film culte *Les Tontons Flingueurs* illustre parfaitement ce que peut représenter la dimension « prix » dans les productions fermières. Valoriser une production fermière, ce n'est pas simplement valoriser un produit alimentaire basique, c'est valoriser des prestations immatérielles. Le producteur fermier doit intégrer dans son prix une origine, une qualité spécifique, une différenciation, une traçabilité, des garanties sanitaires, des services, du goût, du plaisir, de la relation, de l'information, bref tout un ensemble de valeurs qui vont compléter la valeur d'usage initiale du produit alimentaire, celle qui consiste à simplement *remplir son estomac*.

On peut tout à fait comparer les produits fermiers aux produits-valeurs proposés par l'industrie du luxe ou par des marques fortement « marketées ». La valeur immatérielle est l'essence même de l'existence du produit fermier : pas de valeur qualitative, pas de produit ! L'objectif est de faire des produits fermiers des produits uniques. Des actions de communication et de promotion doivent être orchestrées en ce sens par le producteur. Ce sont ces prestations immatérielles qui différencient les productions fermières des produits alimentaires standards proposés par l'industrie agro-alimentaire. Pourtant, nombre d'agriculteurs ajustent leur prix de vente sur les prix observés chez les distributeurs. C'est un non-sens économique et surtout une négation du service et des valeurs qu'ils apportent dans leurs produits.

Il faut cependant reconnaître qu'inclure ces valeurs immatérielles dans le prix de vente n'est pas toujours simple, en particulier lorsque – comme c'est le cas pour la viande bovine - il n'est déjà pas aisé de valoriser correctement la totalité des morceaux d'un animal. Par exemple, on sait combien les consommateurs achètent peu d'abats aujourd'hui ; les coûts de production d'une bête sont, de ce fait, globalement très élevés, avant même d'y inclure les valeurs immatérielles.

Évaluer, quantifier et afficher ces valeurs immatérielles qui vont s'ajouter au prix de revient et à la marge bénéficiaire, c'est bien toute la difficulté à laquelle sont confrontés les producteurs ! L'exercice est complexe, en raison de pressions externes comme la concurrence, le pouvoir d'achat ou... l'acceptabilité du prix par le client. En effet, en sus des coûts de revient et des prestations immatérielles des produits vendus, il faut ajouter un troisième paramètre : la capacité contributive du client, c'est-à-dire son acceptation du prix affiché. Ce prix, que l'on nomme « psychologique », représente ce que le client est prêt à débourser. Au-dessus d'un certain plafond, il renonce à acheter ; au-dessous d'un certain plancher, il doute de la qualité du produit. Le consommateur arbitre en continu autour de ce rapport qualité-prix du produit.

Pourtant, le prix est et doit rester un facteur secondaire de choix dans les productions fermières. Toute la stratégie du producteur fermier est donc de déplacer la variable « prix » vers la variable « valeur ».

CIRCUITS COURTS : LA VALEUR EST DANS LES PRODUITS CUISINÉS

Le confinement lié à la Covid-19 a été, en 2020, l'occasion d'un nouveau coup de projecteur sur les productions locales et les circuits courts. Si l'engouement vers les aliments en direct de la ferme n'a jamais été aussi intense, il montre aussi les limites de l'offre des producteurs. Elles sont de plusieurs ordres.

1 D'abord en volume et en disponibilité. Chaque producteur a une capacité réduite à produire les quantités que les clients réclament. D'autant que la saisonnalité oblige à des ruptures de stocks, événements que les consommateurs ont largement oubliés, tellement habitués à trouver tout et tout de suite dans les GMS (Grandes et moyennes surfaces). Les produits fermiers resteront longtemps des produits à volume réduit, à forte intensité de travail, donc plutôt chers. Mais ils n'ont jamais eu vocation à concurrencer les produits premiers prix !

2 La forte envie de consommer local a révélé l'inadéquation entre les zones de chalandise, notamment les aires urbaines, et la localisation des producteurs, souvent très éloignés des grandes agglomérations. Les producteurs sont peu organisés collectivement pour assurer l'acheminement de leur production. Certaines plateformes ont pris le relais pour tenter de combler ce manque, mais les volumes concernés ont somme toute été très limités. Cette inadéquation est d'autant plus regrettable que nombre de producteurs de légumes ou fruits (asperges, fraises) n'ont pas pu commercialiser leur récolte en raison de leur éloignement des centres de consommation au printemps 2020. Il en est de même pour des producteurs de fromages qui, du fait de la fermeture des marchés de proximité ou de la vente à la ferme d'une partie de leurs productions, n'ont vu aucun consommateur. L'approvisionnement de plateformes urbaines aurait pu constituer une alternative dont peu de producteurs ont bénéficié à cause de leur faible organisation collective et de leur méconnaissance de ces circuits.

3 Dans le prolongement des problèmes de logistique, des producteurs se sont trouvés débordés dans la gestion des commandes venues de nouveaux clients souvent éloignés de la ferme. Il a fallu en catastrophe gérer les envois de colis (chronofresh a vu son activité en forte croissance). Nombre de producteurs n'ont pas répondu à ces commandes en raison notamment d'absence d'outils de paiement à distance. Trop peu d'exploitations en circuit court ont développé des sites web et ont la possibilité d'utiliser les briques sécurisées de paiement à distance.

4 La demande des clients urbains s'oriente vers des produits élaborés et cuisinés, notamment en fruits et légumes, voire en viande bovine (conserves, plats congelés, etc.) ; des produits prêts à consommer qu'ils ont l'habitude de trouver dans leurs supermarchés. Il y a là, pour les producteurs fermiers, un véritable gisement de chiffre d'affaires et donc de valeur ajoutée à capter s'ils sont en capacité de répondre à cette demande spécifique.

Huile Vierge Colza
Huile Vierge Tournesol
Tournesol Cuisson
Agriculture Biologique
PÂTE de CAMPAGNE
TÊTE ROULÉE PUR PORC
Pâte Marmite Porc
4,95 €
Tête roulée Porc
3,70 €
8,25 €
4,70 €
Confit de porc
à la moutarde
de chèvre
14,95 €
TERRINE DE LAPIN
TERRINE D'AGNEAU
Terrine de lapin
5,50 €
Terrine d'agneau
5,50 €
CONFIT de PORC
Terrine de chèvre
Pâte de porc
5,25 €
Pâté de Campagne Porc
4,60 €
NAVARIN D'AGNEAU

L'offre de produits de conserves et de plats cuisinés fermiers est cependant encore très limitée. Il faut dire qu'élaborer des plats est un autre métier que celui d'agriculteur, et que les réglementations sanitaires peuvent faire peur ! Mais cela donne souvent de la valeur à des matières brutes mal valorisées (défaut de calibre, surproduction en pleine saison...) ou pas stockables, donc rapidement périmées. Au mois de septembre, les maraîchers ont trop de tomates, de courgettes... dont la qualité est parfois très moyenne, surtout si le temps est humide. Belle occasion de cuisiner une ratatouille, des soupes... De même, des fruits comme les prunes sont souvent en abondance. Réaliser des confitures permet d'utiliser les fruits tombés, ou un peu gâtés par les insectes. Et en plus de créer de la valeur, le producteur limitera ainsi le gaspillage alimentaire.

Pour aller en ce sens, reste cependant souvent à régler le problème du laboratoire de transformation, avec légumerie, autoclave et autres équipements qui ne peuvent dans un premier temps être accessibles que collectivement. La balle est dans le camp des collectivités territoriales et des collectifs de producteurs pour que soient créés, dans la proximité des lieux de production, ces outils qui faciliteront l'arrivée des produits fermiers dans le panier des ménages.

C'est dans l'amélioration de ces quatre points que la crise sanitaire de la Covid-19 aura été bénéfique au développement des circuits courts. Et à la réaffirmation de l'apport des systèmes alimentaires localisés. Oui, *manger, c'est économique,* et c'est la nourriture principale des territoires ruraux.

Jacques Mathé
Professeur-associé en sciences économiques
Université de Poitiers

Jacques Mathé est l'auteur de ***10 clés pour réussir dans les circuits courts***, préfacé par Stéphane Le Foll, éd. France agricole, 2016.

Samuel ARLAUD est maître de conférences en géographie à l'université de Poitiers et membre du laboratoire RURALITÉS (Rural-URbain Acteurs Liens Territoires Environnement Sociétés). Ses recherches sont orientées vers la géographie rurale et agricole, les liens entre agriculture, société et territoire, et plus précisément vers les circuits courts agroalimentaires et la structuration des espaces de proximité.

1. DI MEO (G.), BULEON (P), *L'espace social. Pour une lecture géographique des sociétés*, Coll. U, 2005, A. Colin, 354 p.

3 Manger, c'est construire ensemble du territoire

PAR SAMUEL ARLAUD

En quoi l'alimentation participe-t-elle à la construction du territoire ? Qu'est-ce que le territoire et l'alimentation ont à voir ensemble ? Le territoire est une œuvre humaine organisée en système complexe, résultat de modes d'action qui peuvent orienter dans un sens ou un autre les dynamiques et le mouvement permanent.

La relation entre alimentation et territoire ne renvoie pas seulement à des questions de géographie économique mais aussi et peut-être surtout à l'expression des géographies culturelles multiples.

Le Montmorillonnais n'échappe pas à cette logique. Il a son histoire, sa géographie, sa sociologie et son économie alimentaires. Il a construit au cours des temps, par des échanges multiples, un élément du système alimentaire global mais qui contient ses propres spécificités et dont on cherche aujourd'hui à faire ressortir les dynamiques de proximité.

LE TERRITOIRE, UN SYSTÈME D'ORGANISATION COMPLEXE

Le terme de « territoire » est employé dans de nombreux contextes et milieux, mis à toutes les sauces si l'on peut dire. Il est paré de toutes les vertus du développement socio-économique, comme ayant une cohérence allant d'elle-même. La dimension politique du territoire contient pourtant une dimension idéologique et des représentations, issues d'une fabrication sociale et des idées véhiculées par les collectivités humaines[1].

Les géographes, à partir des années 1980, ont développé deux approches nouvelles et défini quatre conditions à l'existence d'un territoire.

LES 2 APPROCHES

- Le territoire est un espace approprié par l'homme qui développe ce faisant un sentiment d'appartenance, lié à la conscience que l'on a de l'espace.
- Le territoire est une notion à la fois juridique, sociale, culturelle et même affective.

LES 4 CONDITIONS DE LA CONSTRUCTION TERRITORIALE

- L'insertion de chaque individu dans un groupe, processus qui permet le développement du sentiment d'appartenance et de l'identité collective.
- Un mode de découpage et de contrôle de l'espace, qui renvoie à la dimension politique.
- Le lien avec la dimension symbolique des objets matériels, lien qui s'exprime dans le champ culturel au sens large et le patrimoine, et qui produit un territoire identitaire en s'avérant un outil majeur de mobilisation sociale.
- Une dimension temporelle de longue durée.

LE TERRITOIRE, UN CONDENSÉ DE MÉMOIRE ET DE CULTURE

Le territoire est simultanément actualité et mémoire, fondé sur la transmission des objets et des savoirs. Rien ne se perd véritablement, que ce soit les objets ou les idées. Tout est en permanence recyclé, sur des échelles de temps variables, tout est réapproprié, et ainsi le sens que l'on donne aux choses évolue. Les biens alimentaires ne sont pas exclus de cette logique.

Le territoire se construit de cette manière sur la longue durée. Source de la mémoire collective, le territoire - par exemple par l'alimentation - devient à son tour produit de la mémoire et du patrimoine. C'est ce qui se passe dès que l'on mobilise des semences anciennes, des savoir-faire traditionnels ou encore des recettes ancestrales.

Le territoire est lié à la culture qui le met en forme et le modèle. Le rôle de l'imaginaire humain est fondamental dans ce processus. Et l'imaginaire n'ayant aucune limite, le territoire n'en a pas non plus, au sens où, s'il en existe, elles sont faites pour être sans cesse remises en cause et dépassées. C'est souvent par l'art que l'on comprend le mieux ce phénomène. C'est pourquoi la gastronomie, par ce qu'elle contient d'artistique, participe à la construction territoriale.

Étant le produit de l'action humaine, un territoire obéit également à un cycle de vie : il naît, vit et meurt, selon les entreprises humaines qui sont déployées, et ces actions sont à la fois matérielles et idéelles ; elles sont par exemple culturales et culturelles en termes d'alimentation.

Le territoire est un espace sur lequel on pose des objets (les villages, les villes, les routes, les réseaux divers, etc.) mais aussi sur lequel, comme sur un parchemin ou une toile vierge, on imprime des idées, on projette du sens et des symboles.

Depuis très longtemps, cette dimension culturelle permet à l'homme de tenter de se libérer du déterminisme de son milieu de vie. L'alimentation de proximité offre une belle illustration de la relation plus ou moins tendue, mais toujours chargée d'histoire, entre l'homme et son environnement.

L'ÉTROITE PARENTÉ TERRITOIRE / PATRIMOINE

Le patrimoine est un élément essentiel, on pourrait même dire *un outil*, de la fabrication territoriale. On sait qu'il suffit d'agir sur la fonction patrimoniale pour activer le processus d'appropriation, générer du sentiment d'appartenance et, au final, construire de l'identité. La fonction patrimoniale n'affecte pas que les objets. Elle touche également les éléments de la culture, et en ce sens elle concerne notamment les biens alimentaires, ce dont témoigne le classement par l'Unesco du « repas gastronomique français » comme patrimoine culturel immatériel de l'humanité. Certes immatériel, mais aussi simultanément matériel et très concrètement tangible sous la forme des biens alimentaires et des savoir-faire qui constituent effectivement des pratiques culturelles.

EN QUOI L'ALIMENTATION PARTICIPE-T-ELLE À LA CONSTRUCTION TERRITORIALE ?

On comprend d'emblée le rôle fondamental de l'alimentation dans l'édification d'un territoire lorsqu'on se reporte au sens premier du mot, en provenance du latin *alere*, qui signifie *nourrir*, le corps comme l'esprit. C'est depuis toujours l'objectif premier et majeur de l'activité quotidienne des humains.

L'alimentation est en elle-même un système complexe d'éléments en interaction : la production des produits alimentaires et leurs échanges, sous des formes différentes et variables au cours des temps ; les pratiques alimentaires et culinaires ; les effets des modes alimentaires, et des qualités et quantités locales de l'alimentation qui renvoient à la question de l'approvisionnement et de la nutrition ; sans oublier les représentations que l'on a de l'alimentation (la sienne et celle des autres). C'est donc un ensemble d'éléments matériels et idéels qui s'expriment dans le temps long, qui entrent à la fois dans le champ du patrimoine et dans le temps présent. Ils sont ainsi a fortiori constitutifs d'un futur territorialisé, si l'on admet que les biens alimentaires ont toujours à voir avec le sol, le lieu où ils sont produits et le lieu où ils sont consommés ; qu'ils sont aussi les produits d'une localisation obéissant à des logiques (sociales, agronomiques, économiques, environnementales, culturelles) ; et qu'ils sont même - pourrait-on dire – des marques d'une civilisation.

La maison,
premier élément de la territorialité alimentaire

L'alimentation s'exprime par la cuisine. La cuisine s'exprime en premier lieu dans la maison. Et la maison est le premier jalon du territoire. Elle est et elle représente la forme élémentaire du monde, avec ses excroissances : le jardin (encore en lien avec la cuisine) ; la localité de proximité, c'est-à-dire là où l'on va pouvoir compléter ce qui manque à la cuisine pour former tout ce qui sera également le premier jalon du système alimentaire familial.

La maison et le jardin sont des territoires en ce sens qu'ils font fonctionner le lien permanent et vivant entre l'intérieur et l'extérieur. Nous sommes bien là dans les prémices de la construction territoriale. La manière dont on se nourrit, les flux de produits alimentaires, les pratiques culinaires et les symboles qu'elles véhiculent, en sont un fondement essentiel. Par l'alimentation l'être humain conjugue en permanence les contradictions de l'universalisme et de l'enracinement.

Cela aide à comprendre le paradoxe né de la mondialisation qui produit de l'uniformité et qui, dans le même temps, provoque la recherche d'un ancrage local fort, à la fois dans l'espace et dans le temps. L'alimentation participe de ce paradoxe, et il n'y a guère de familles dans lesquelles les comportements alimentaires individuels et collectifs ne juxtaposent pas les produits locaux et ceux en provenance de pays lointains.

Lorsqu'on dit que « manger, c'est faire du moi avec de l'autre », on peut transposer cette expression à l'échelle d'un territoire. Identifier une culture alimentaire locale, c'est bien sûr montrer les particularités locales de la production, des échanges et de la consommation, mais c'est aussi très souvent mettre en exergue les influences multiples d'autres pratiques qui ont fait évoluer cette alimentation locale au cours des âges.

> ***La façon dont se mêlent les cuisines et les gastronomies explique souvent comment se mêlent les territoires.***

La question alimentaire a beau reposer sur des éléments matériels (les produits consommés), elle véhicule également des dimensions immatérielles à travers le langage sur la nourriture humaine (dimension affective), donc il n'y a pas d'objectivité dans la question alimentaire. D'où la nécessité d'une approche subjective, adaptée aux cultures et réalités régionales et locales, véritablement possible par une éducation à l'alimentation qui mette en avant la relation entre goût et territoire. Le goût devient dès lors un élément de l'espace vécu à prendre en considération. Il montre que la nourriture, issue des produits agricoles, est à la fois un patrimoine naturel et un patrimoine culturel[2].

Par les formes multiples de l'alimentation s'explique donc en partie la diversité des formes de l'appropriation de l'espace et du temps, donc de la construction des territoires, que l'on se place à l'échelle planétaire ou à l'échelle locale.

Eric Dardel, géographe du sensible, soutient que la question alimentaire renvoie à celle du paysage, qui doit être abordée comme une lecture subjective du rapport de l'homme à la terre, et donc de l'homme à ses nourritures en incluant la dimension philosophique[3].

Mais si l'alimentation des populations exprime un fait culturel, en retour elle permet également d'activer le ressort culturel. Le lien est donc puissant entre élaboration de la nourriture, construction d'une culture et développement territorial.

---

2. PITTE (Jean-Robert), 2001.- « La géographie du goût, entre mondialisation et enracinement local », in *Annales de géographie*, A. Colin, N° 621, pp. 487-508.

3. DARDEL (Éric), 1952.- *L'Homme et la Terre, nature de la réalité géographique*, PUF, 133 p..

L'alimentation devient alors un outil de relocalisation d'une société mondialisée qui est en manque de repères territoriaux à échelle humaine, spatiale et temporelle. Ces repères sont ceux qui s'expriment dans la proximité, diminuant la dépendance aux acteurs extérieurs et créant davantage du lien, à la fois social et de relation courte entre l'homme et sa nature proche.

On raisonne encore beaucoup en séparant restauration collective et cuisine familiale comme s'il s'agissait de deux mondes différents. Ce sont les logiques de filière et d'industrialisation de la restauration collective qui, depuis 50 ans, en ont fait deux mondes séparés. Il convient aujourd'hui de les faire se rejoindre à la fois par la fourniture de biens alimentaires de proximité et par une dimension culturelle plus affirmée, qui favorisera ce lien.

Si l'alimentation possède à la fois une fonction sociale et une fonction symbolique, l'organisation en circuits courts, et non en filières longues, a des conséquences positives sur la cohésion sociale et territoriale, à la condition de rechercher l'accès à une alimentation de qualité pour tous, et de faire prévaloir par l'alimentation une forme de justice sociale.

QUELQUES PISTES POUR UNE POLITIQUE ALIMENTAIRE LOCALE : QUELS ACTEURS, QUELLES ACTIONS ?

Depuis plusieurs décennies, en même temps que s'est développée l'agriculture productiviste, des hommes et des femmes tentent de montrer que l'industrialisation de la production agricole et des biens alimentaires n'est pas une fatalité, et que d'autres manières de nous nourrir sont plus durables et respectent mieux les équilibres fragiles entre l'homme, l'animal et les milieux de vie. Pour favoriser cette durabilité, une véritable politique alimentaire est nécessaire. Mais existe-t-il une seule échelle territoriale pertinente pour le développement d'une alimentation durable ? Et surtout, si l'on conçoit bien les multiples avantages d'une relocalisation de la production des aliments, peut-on éviter deux écueils majeurs : celui qui laisserait à penser qu'il s'agit d'un retour en arrière ; et celui qui laisse croire que le processus peut se dérouler sans accompagnement politique, par le simple désir d'une grande partie de la société ?

Parmi l'ensemble des échelons administratifs auxquels les acteurs se réfèrent se pose régulièrement la question de savoir si l'un d'eux est plus pertinent que les autres pour mener à bien une politique alimentaire. Nous savons que d'après le code rural l'État est chargé de définir la politique alimentaire du pays, mais pour les collectivités territoriales, aucun texte de loi ne leur attribue de rôle particulier pour s'occuper de cette question. Les collectivités territoriales ne peuvent agir qu'au travers des différentes compétences (légales ou conventionnelles) qui leur ont été dévolues par les lois de décentralisation. Les possibilités d'action sont nombreuses et variées. Dans les multiples exemples observables dans les territoires, leur efficacité dépend le plus souvent en priorité de la capacité à coordonner les acteurs locaux et à développer la coopération avec les autres collectivités, l'État et l'Europe.

Pour soutenir le développement d'une politique alimentaire locale, 5 domaines d'intervention sont identifiables. Les collectivités territoriales peuvent y déployer tout ou partie de leurs compétences, soit en termes de planification et d'orientation des politiques locales, soit par dispositifs opérationnels de réglementation ou de financement : aménagement du territoire/urbanisme, économie, éducation/santé, environnement/développement durable, culture, accessibilité sociale. Chaque échelon n'a pas toutes les compétences, mais prises ensemble celles-ci couvrent un très large spectre d'actions concrètes possibles. Tout réside dans la capacité à combiner ces actions.

Dans le domaine de l'urbanisme et de l'aménagement du territoire, les collectivités territoriales peuvent agir sur le foncier agricole, sur le foncier urbain, sur les déplacements et sur la gouvernance locale.

Dans cette logique, l'action publique vise à protéger, à développer ou à orienter l'utilisation du foncier agricole par la planification territoriale et l'aménagement foncier, ce qui se fait par exemple à l'échelle intercommunale depuis les années 1970. Dans la ville, la compétence d'urbanisme peut favoriser l'implantation ou le maintien des activités de transformation et de commercialisation des produits alimentaires, et parfois même d'une activité de production (jardins partagés, serres maraîchères,...). Il est possible de protéger des zones à des fins de production agricole et pour développer une agriculture orientée vers une alimentation locale. Grâce aux documents d'urbanisme, les communes et les intercommunalités ont des pouvoirs qui leur permettent par exemple d'instaurer des périmètres de sauvegarde du commerce et de l'artisanat de proximité (sans compter la possibilité dont elles disposent pour réduire la croissance des grandes et moyennes surfaces).

En ce qui concerne l'économie, compétence partagée par de nombreux échelons territoriaux, il est possible de promouvoir l'approvisionnement local des structures de restauration collective par la commande publique : écoles, collèges, lycées, hôpitaux, EHPAD, restaurants solidaires, restaurants d'entreprises...

Les collectivités territoriales peuvent renforcer l'approvisionnement local même si les règles empêchent la discrimination géographique. L'approvisionnement local doit être corrélé à une alimentation de meilleure qualité que celle issue du marché global : qualité environnementale, qualité sanitaire, qualité sociale, et aussi qualité culturelle ou éducative (le recours aux produits locaux favorise l'éducation à l'alimentation et plus globalement l'éducation au territoire).

Le levier économique peut être activé également à différents niveaux de décision : mobilisation des aides financières issues de la PAC ou de la politique économique afin de favoriser des structures porteuses de projet pour une politique locale de l'alimentation. Le programme LEADER* en est un excellent exemple en ce qu'il donne aux territoires ruraux le cadre propice à l'émergence de projets collectifs issus des acteurs locaux.

Les actions sur le financement des entreprises et des projets intéressent autant la production que la transformation ou la commercialisation. Pour financer directement ou indirectement le développement d'une alimentation organisée localement, il est possible de mobiliser deux types d'aides : les aides liées à la politique agricole de développement rural en provenance du FEADER** et les aides liées à la politique économique, qui sont soit des aides au développement économique en général, soit des aides aux entreprises.

*LEADER : Liaison Entre Actions de Développement de l'Économie Rurale
**FEADER : Fonds Européen Agricole pour le Développement Rural

Dans le champ de l'éducation et de la culture, de nombreux acteurs ont un rôle de sensibilisation et de transmission des connaissances en matière d'alimentation locale et durable (en lien souvent **avec la santé et les aspects nutritionnels**) aussi bien par la formation initiale et continue que par des actions grand public.

Il est du ressort de certains acteurs d'intégrer la question d'une alimentation de qualité et locale dans le domaine de la formation. Dans les formations scolaires initiales, c'est l'État qui peut favoriser l'achat local ou régional, les produits biologiques, les circuits courts ou ceux à bénéfices environnementaux pour sensibiliser sur des thèmes spécifiques.

Une seconde voie pour des actions d'éducation à l'alimentation est celle de la sensibilisation du grand public. Ainsi les collectivités territoriales peuvent se baser sur leur mission de protection de la santé et de l'environnement, pour relayer les programmes nationaux pour l'alimentation (PNA), ou travailler à partir des contrats locaux de santé (dispositifs construits avec les agences régionales de santé-ARS).

De la même manière que cela a été réalisé après la Seconde Guerre mondiale quand il s'est agi d'orienter vers une agriculture productiviste, il convient aussi de s'appuyer plus intensément sur les formations professionnelles et agricoles, et les organismes qui les dispensent : à l'échelle locale, ils constituent un des leviers principaux pour favoriser, directement ou indirectement, l'éducation à l'alimentation, ainsi que les mutations des pratiques vers plus de durabilité des systèmes de production et de transformation des aliments.

Enfin, de façon plus marginale, on peut également imaginer que la sensibilisation à une alimentation locale soit abordée par le secteur touristique, qui reste une compétence locale et une source importante de valeur ajoutée forcément territorialisée.

Les échelons locaux d'une possible politique alimentaire sont également ceux qui touchent à l'accessibilité sociale d'une alimentation de qualité : malgré la capacité de l'agriculture française à produire de forts volumes de biens alimentaires à la fois pour le marché national et pour l'exportation, la situation alimentaire des Français a régressé. L'INSEE chiffre à environ 10 millions de personnes le nombre de celles et ceux qui vivent en-dessous du seuil de pauvreté en France en 2019. Et on estime que près de 4 millions de Français ont recours aux différentes formes d'aide alimentaire. Alors que, dans le même temps, le gaspillage alimentaire n'a jamais été aussi considérable : 10 millions de tonnes de produits consommables partent chaque année à la poubelle, ce qui correspond à une valeur économique de 16 milliards d'euros !

Il y a donc en France de profondes inégalités d'accès à l'alimentation face auxquelles on a conçu deux sortes de dispositifs : ceux de l'aide alimentaire et ceux qui sont plutôt des soutiens financiers aux familles ou aux projets.

L'aide alimentaire est toujours distribuée par des associations agréées (Banque alimentaire, Épiceries sociales, Restos du cœur,...), qui récupèrent les surplus des grandes surfaces mais qui peuvent aussi travailler en étroite collaboration avec les producteurs et les groupements locaux promouvant notamment les circuits courts. Les communes et intercommunalités, par l'intermédiaire des CCAS (Centre Communal d'Action Sociale) peuvent soutenir les épiceries sociales et solidaires. Pour favoriser la consommation de produits locaux, et particulièrement ceux issus de l'agriculture biologique, les aspects qualitatifs doivent prendre plus de place dans la politique alimentaire, même si les établissements proposant une restauration collective sont déjà tenus d'appliquer des règles relatives à la qualité nutritionnelle des repas et de privilégier les produits de saison.

Les acteurs locaux possèdent donc une grande partie des outils leur permettant de garantir l'accès de tous - particulièrement des personnes âgées, des enfants et des personnes les plus démunies - à une nourriture saine et de qualité, ainsi que de proximité, de façon à retrouver un lien fort entre l'agriculture et la société locales.

L'accessibilité sociale à une meilleure alimentation rejoint le problème de la gestion et la prévention des déchets : il existe des mesures dans le Pacte national de lutte contre le gaspillage alimentaire qui doivent conduire à une territorialisation de cette lutte, c'est-à-dire à un soutien aux réseaux d'acteurs locaux qui s'engagent. Exemples d'actions : opérations de sensibilisation (Fête de la soupe contre le gaspillage alimentaire organisée dans la Vienne par le SIMER, Syndicat Interdépartemental Mixte pour l'Équipement Rural) ou mise en place d'actions de prévention dans les restaurants collectifs (collèges, lycées, hôpitaux).

La politique de lutte contre le gaspillage s'articule avec la politique nationale de l'alimentation.

Le levier environnemental et de développement durable est transversal à beaucoup des actions précédentes : dans le domaine de l'environnement, l'action des collectivités territoriales peut apparaître dans la participation à l'élaboration de normes, règles ou prescriptions dont le but est de promouvoir la qualité et la durabilité des systèmes agricoles.

Pour suivre ce chemin, les collectivités disposent de compétences et d'instruments : pouvoir d'orientation de l'aménagement foncier des régions; rôle des intercommunalités à travers les Plans Climat-Air-Énergie Territoriaux (PCAET), qui peuvent aider à coordonner

ou amorcer des actions locales ; possibilité d'imposer des pratiques respectueuses de l'environnement par des clauses ou des financements en contrepartie d'engagements précis en ce sens.

L'approche environnementale et durable de l'alimentation doit aussi permettre d'agir sur les déplacements des hommes et des biens alimentaires. La question des transports est un domaine sur lequel doit porter une véritable réflexion. Si les circuits alimentaires de proximité ont pour objectif de limiter les déplacements à longue distance des produits (entrées et sorties d'un territoire), de nombreux acteurs locaux pratiquant la transformation et la commercialisation rencontrent des problèmes de transport et de logistique. Cela nécessite à la fois des moyens peu faciles à mutualiser, et probablement dans l'avenir des infrastructures spécifiques tant en termes de réseau d'acheminement qu'en ce qui concerne le stockage des produits alimentaires, leur mise en lots et leur distribution.

Porter le regard sur l'alimentation amène à prendre en compte de multiples champs d'observation et démontre qu'il existe toujours un véritable système d'organisation à logiques multiples autour de cette question. Les acteurs locaux sont nombreux à être concernés.

Il faut chercher la meilleure articulation entre institutions politiques locales, acteurs économiques, associatifs et habitants. Cela nécessite de mettre en œuvre des modalités particulières et des processus originaux : procédures contractuelles, coordinations en réseaux locaux reliés à d'autres échelles de décision et d'action (particulièrement les Régions, mais aussi l'État et l'Europe).

Les logiques de démocratie participative peuvent conduire à mieux territorialiser l'action et l'éducation à l'alimentation ; elles génèrent ainsi une meilleure appropriation sociale des projets et un sentiment de plus grande justice alimentaire. Il en ressort la construction d'un sentiment d'appartenance qui apprend à chacun la complexité de la question alimentaire.

Créés par la loi d'avenir pour l'agriculture, l'alimentation et la forêt d'octobre 2014, les *Projets alimentaires territoriaux* (P.A.T.), qui résultent de la réunion des acteurs d'un territoire, dans la diversité de leur connaissance du système alimentaire local, offrent l'exemple d'un outil de gouvernance pertinent qui peut mieux relier l'acte de produire à l'acte de se nourrir.

Samuel ARLAUD
Géographe
Université de Poitiers

4 Manger, c'est savourer la géographie

PAR VINCENT JACQ

LES CERISES DE BAALBEK

On s'est mis en route pour de moins bonnes raisons que d'aller manger des glaces à Milan, goûter les pousses de bambou à Canton, l'agneau grillé sous les tentes berbères, le poisson frit à l'huile de palme au Pernambouc, ou vérifier si les fleurs du tiaré ont le même parfum aux Marquises que dans nos flacons. Ressort caché, peut-être, des conquêtes. Plutarque prétend que c'est pour avoir bu du vin d'Italie, et désiré en boire davantage, que les Gaulois franchirent les Alpes pour assiéger Rome. L'Espagne doit bien ses découvertes et son empire à une passion des chrétiens pour le poivre et les épices que même la peur des océans ne parvint pas à décourager.

Il n'est plus nécessaire de hasarder sa vie pour les trésors comestibles de régions qu'on croyait lointaines mais des délices se sont à jamais évanouis dans le temps : quel était donc le goût du chocolat préparé par les Aztèques, du lait de jument fermenté chez les Mongols, du chien accommodé en Chine aux écorces d'oranges, ou de celui qu'à Tahiti on cuisait à l'étouffée sous des pierres, et dont se régalaient les officiers de Cook ? Et qu'offrait de si séduisant aux indigènes du Pacifique la chair humaine ?

Nous avons encore quelques saveurs à partager avec nos prédécesseurs. Au Moyen Âge, Baalbek était réputé dans tout le monde musulman pour ses cerises et la célébrité de cette plaine de la Bekaa doit autant à ce fruit discret qu'à ses vestiges romains. Car les cerises participent d'un charme qu'un peu partout, sous des formes diverses, un dieu a répandu pour l'agrément du voyageur et la continuité de l'histoire. La Bagdad de Marco Polo donnait déjà des dattes fameuses, et Darwin louait les vignes et les melons de la Mendoza argentine. On rencontre le meilleur maïs du monde, laiteux et doux, dans une vallée péruvienne où les Incas le cultivaient déjà.

Le marchand de fruits. Eugène-Alexis Girardet (1854-1907)

Pour connaître une ville, il faut commencer par les marchés. Première lecture, avant même celle des musées, des monuments ou des lieux de plaisir, et souvent la plus significative : on y devine la trame des mentalités, l'organisation des classes. Au Brésil le haricot noir fait la différence entre riches et pauvres, que la morue réconcilie au Portugal. Avec l'ail et l'olive, en Europe, on passe d'une civilisation à une autre, comme en franchissant ailleurs les frontières du soja ou du riz. Les éventaires expriment une esthétique au même titre que les tissus, les jardins publics ou les fêtes. Qu'on aille déambuler tôt le matin dans ces marchés de Florence qui semblent composés par un peintre : les pyramides de framboises, de myrtilles, de champignons, les lièvres bruns pendus par les pattes, les sangliers endormis le groin dans les sabots, les ailes moirées des faisans, les fromages cérusés, les noisettes, les chapelets de piments, les grappes de raisin sur des feuilles fraîches, rien n'est disposé au hasard ; chaque étal manifeste à sa manière le goût local pour la beauté.

Les voyageurs du passé savaient évaluer à ses marchés la santé d'un peuple. On trouve dans leurs récits des litanies maraîchères, des blasons de fruits dont, plus pratiques et gourmands que nous, ils jalonnaient leur route. Ainsi, vers 1300, Dimashqui décrivant les vastes vergers de figuiers, de pistachiers, d'abricotiers et de grenadiers d'une ville de Syrie, ou Cortés notant à Mexico : « les légumes abondent : oignons, poireaux, ails, cresson alénois, bourraches, oseilles, chardons comestibles et cardons » (les cages d'escaliers des Aztèques n'ignoraient donc pas les odeurs de poireaux).

Mendes Pinto, qui visite les marchés de Pékin au XVIe siècle, cède à une orgie énumérative qui charrie les clous de girofle, la muscade, le macis, le tamaris, la cannelle, la cardamome, le borax, l'indigo pour teinter les soies, le miel, la cire, le santal, les farines et la venaison. C'est avec une sorte de vertige que cet errant souvent affamé décrit les piles de jambons, gorets, lard, oisons, canards, grues, bitardes, loutres et même d'autruches et de cerfs, de buffles et de chamois, de blaireaux, de rhinocéros, de tigres et de zèbres... Lyrisme rabelaisien épicé par le charme particulier des documents.

Les saveurs se mêlent intimement aux paysages, elles en sont comme la traduction de bouche, la confirmation irréfutable. En Alentejo, quand le soleil d'octobre baigne les collines bleues semées d'oliviers et de pins comme dans les aquarelles de Dürer, et qu'une brise apéritive disperse l'odeur de l'aneth sauvage et des cistes, les carreaux de faïence aux murs des églises et des fontaines composent un paysage morcelé, double du premier, avec des paysannes, des bergers et des Vierges, une vie concentrée, véhémente, semblable au vin sombre qui dort. Tout est à portée de main, les oranges, les nèfles dans les arbres au bord des pistes, les œufs dans les paniers à même le sol, les pots de miel où s'enivrent les guêpes.

(...)

Les saveurs de l'enfance ont le même pouvoir que la langue maternelle. On change en exil, sans trop de difficultés, son vêtement, ses habitudes, voire ses idées, mais on garde la nostalgie de sa propre langue et de ce qu'on mangeait chez soi. Le grand moine chinois Fa-Hsien se rendit à pied aux Indes et y passa quinze ans, au début du Ve siècle, pour étudier les textes bouddhiques. On raconte que lorsqu'il était malade, il ne pouvait s'empêcher de réclamer de la nourriture chinoise.

Vincent Jacq

Extrait de
L'écume des voyages,
éd. L'Escampette 2016

En parcourant les textes anciens, on est frappé par la pérennité des manières de table. Nos académies de gastronomes existaient à Ispahan dès le XIVe siècle sous forme de confréries rivalisant de raffinement : on allait jusqu'à faire cuire les mets au feu des bougies, parfois même en brûlant de la soie !

1. Paul Raveau, *L'Agriculture et les classes paysannes dans le Haut Poitou au XVIe siècle*, in *Revue d'histoire économique et sociale*, 1924 – Encore disponible à l'Écomusée du Montmorillonnais.
2. Voir *Des Moutons et des hommes*, publication en 1981 de la Société archéologique et historique du Montmorillonnais.

L'agneau du Montmorillonnais

Aux confins du Limousin, du Poitou et du Berry, les sols pauvres et peu fertiles du Montmorillonnais ont longtemps limité l'agriculture à l'élevage. Une bonne partie des terres était couverte d'une lande impénétrable, les brandes, qui donnaient au paysage un aspect désolé. « Au XVIe siècle, les villages autour desquels étaient groupées les petites parties de terre cultivées, isolés au milieu de ces immenses steppes de bruyères et d'ajoncs, faisaient véritablement l'effet d'oasis au milieu du désert. »[1]

Même si les « bestes à laine » n'ont jamais été vraiment absentes de ces territoires déshérités, c'est à partir du XVIIIe siècle qu'augmente progressivement le cheptel ovin, surtout pour la laine et le fumier, peu pour la boucherie. En-dehors de fêtes comme Pâques, les paysans n'étaient pas assez riches pour manger de la viande.

Avec les progrès de la mécanisation, on entreprend de défricher les brandes : des milliers de nouveaux hectares s'offrent alors à l'agriculture, donnant naissance à de grands domaines fonciers qui ont marqué l'organisation sociale de la région. Or à la même période, la laine se vend mal, son prix baisse ; les éleveurs doivent s'orienter vers des races offrant à la fois une laine fine et abondante et une viande de qualité. Ils ont recours à une nouvelle variété de moutons provenant du Loir-et-Cher, la charmoise, qui est née, dans la ferme éponyme, d'un croisement de brebis mérinos, berrichonnes, tourangelles et solognotes avec des béliers anglais.

Commence alors l'âge d'or de l'agneau montmorillonnais. Après la Seconde Guerre mondiale, la charmoise collectionne les prix aux *Concours d'ovins abattus* à Paris. Les bouchers de la capitale la considèrent comme la grande révélation des années cinquante. L'Allemagne, la Roumanie, la Grèce, les États-Unis, l'Indochine ou le Congo en réclament. En France, l'*agneau couvert* (cela désigne l'engraissement idéal) qui fait de 17 à 20 kg, est envoyé à Paris via Rungis. L'*agneau ciré* (très peu gras en couverture), de 14 à 17 kg, part dans le Sud-Est de la France via Lyon, Marseille, Nice. L'agneau plus lourd, de 18 à 22 kg, est destiné aux estivants de la côte atlantique et on expédie la brebis vers le Bordelais, où l'on en est friand[2]... Le Montmorillonnais fournit de cette manière chaque région française selon son goût local !

Aujourd'hui on peut acheter chez les producteurs de March'Équitable à Montmorillon le savoureux agneau de la ferme du Bagneau à Coulonges, celui des Berthomier à Adriers ou de la famille Clerc à Lussac-les-Châteaux. L'Écomusée raconte cette histoire des moutons et des hommes à travers des expositions, des publications et des films, tandis que le chef Alban Galpin, au Lucullus, crée des recettes nouvelles pour célébrer cette viande d'exception.

C'est ainsi que des cerises de Baalbek à la charmoise du Sud-Vienne, on a bien des occasions de donner du goût à la géographie et à l'histoire.

partie 2

Mont'Plateau,
une expérience collective en Montmorillonnais

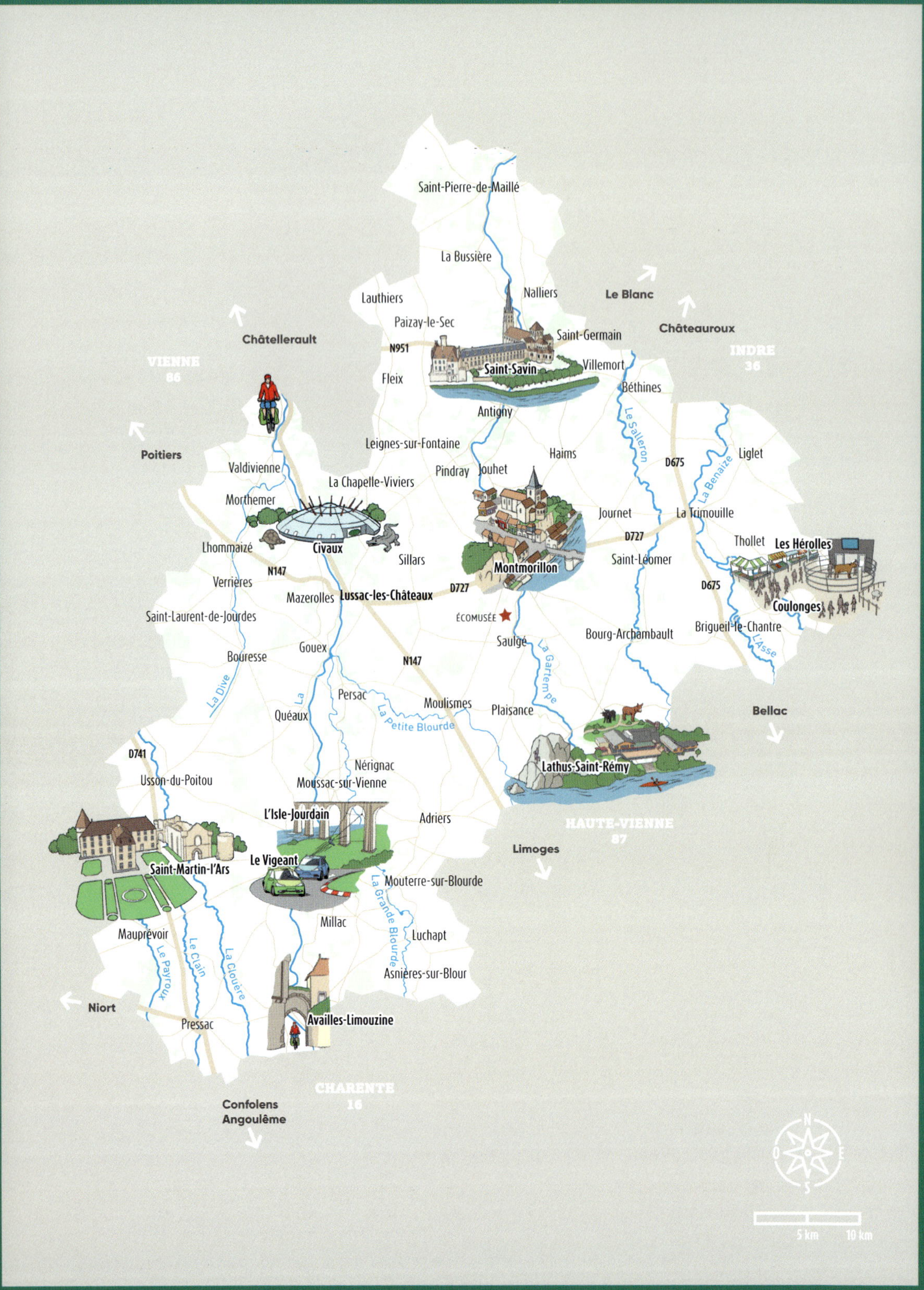
Saint-Pierre-de-Maillé
La Bussière
Nalliers
Le Blanc
Lauthiers
Paizay-le-Sec
Saint-Germain
Châteauroux
Châtellerault
N951
INDRE
36
VIENNE
86
Saint-Savin
Villemort
Fleix
Béthines
Antigny
Poitiers
Leignes-sur-Fontaine
Haims
Le Salleron
D675
Liglet
Valdivienne
Pindray
Jouhet
La Benaize
La Chapelle-Viviers
Morthemer
Journet
La Trimouille
D727
Thollet
Les Hérolles
Lhommaizé
Civaux
Sillars
Saint-Léomer
Montmorillon
N147
D675
Verrières
D727
Coulonges
Mazerolles
Lussac-les-Châteaux
Saint-Laurent-de-Jourdes
ÉCOMUSÉE
Bourg-Archambault
Brigueil-le-Chantre
Saulgé
L'Asse
Bouresse
Gouex
N147
La Gartempe
La Dive
Persac
Moulismes
Bellac
La
Queaux
Plaisance
La Petite Blourde
D741
Nérignac
Lathus-Saint-Rémy
Usson-du-Poitou
Moussac-sur-Vienne
L'Isle-Jourdain
Adriers
HAUTE-VIENNE
87
Limoges
Saint-Martin-l'Ars
Le Vigeant
Mouterre-sur-Blourde
Millac
La Grande Blourde
Mauprévoir
Luchapt
Le Payroux
Le Clain
La Clouère
Asnières-sur-Blour
Niort
Availles-Limouzine
Pressac
CHARENTE
16
Confolens
Angoulême
N
E
S
O
5 km
10 km

Mont'Plateau, une indispensable interface…

> Bien manger est un objectif digne de toutes les luttes.
> **Moses Isegawa**

LE MONTMORILLONNAIS

Le Montmorillonnais est, au sens large, un territoire rural situé au sud-est du département de la Vienne, en Nouvelle-Aquitaine. Avec les espaces qui l'environnent, en Vienne-et-Gartempe, il compte un peu plus de 40 000 habitants dans une cinquantaine de communes. Il s'agit d'une zone géographique majoritairement boisée et agricole, avec un paysage de bocage et d'élevage au sud-est, et un paysage de cultures plus ouvert au nord-ouest.

Ce territoire rural riche de son patrimoine naturel et culturel est peu densément peuplé et maillé de petits pôles locaux constituant des relais de proximité pour les services aux habitants. La vie et les dynamiques sur le territoire témoignent d'un mélange d'innovation et de traditions. La vitalité des réseaux actifs localement démontre l'envie de mettre l'humain au cœur du territoire.

MONT'PLATEAU
Château-Ringuet - CS 40047 - 86501 MONTMORILLON
05 49 91 03 97
contact@montplateau.org
www.montplateau.org

LES FINANCEURS DE MONT'PLATEAU

Depuis sa création, l'association a pu agir grâce aux soutiens :

- du Conseil Régional Nouvelle-Aquitaine, dans le cadre de ses politiques d'innovation sociale et alimentaire. Le Conseil Régional a adopté en 2019 sa feuille de route pour la transition écologique : NeoTerra ;
- de l'État et de la DRAAF de la Région Nouvelle-Aquitaine, dans le cadre du Plan national pour l'alimentation ;
- de l'Union européenne au travers du programme LEADER porté par le Groupe d'Action Locale (GAL) Sud-Est Vienne ;
- de la Communauté de communes de Vienne-et-Gartempe qui définit et anime le projet de son territoire de 55 communes et 40 000 habitants dans ses différentes dimensions : économique, sociale et environnementale.

Alain Torsat © Club Photo Vidéo Saulgé

Éleveurs et chefs de cuisine du Montmorillonnais (restaurants et restauration collective) réunis pour valoriser l'agneau local lors de la Semaine du goût en octobre 2019.
Entre autres, Olivia Gautier (restaurant Les Orangeries), Fatiha Drouche (restaurant Le Temps des Cerises), Frédéric Turbeau (cantine du lycée agricole de Montmorillon) et les éleveurs d'agneaux André Berthomier, Philippe Alamome et Jean-Luc Duquesne (président de March'Équitable), tous adhérents à Mont'Plateau.

L'ASSOCIATION MONT'PLATEAU, FONCTIONNEMENT ET PARTENAIRES

Mont'Plateau est une association créée en 2016 qui fédère des acteurs désireux de contribuer aux dynamiques du territoire et à son développement à partir de la question alimentaire. Y sont représentés des acteurs de l'éducation populaire, du développement et de la formation ainsi que des entreprises, des collectivités et des citoyens qui mobilisent des envies et des capacités d'agir au service de tous.

La première mission que s'est donnée l'association est d'animer un réseau de producteurs et d'acheteurs de la restauration hors domicile, afin d'y favoriser les approvisionnements en produits de proximité et de qualité. La mise en relation des acheteurs et producteurs vise l'instauration de relations durables et mutuellement bénéfiques pour les parties prenantes. Pour cela, l'association propose un accompagnement individuel et collectif : la salariée de l'association est à l'écoute des besoins et attentes des uns et des autres, organise des rencontres du réseau, anime des groupes de travail, coordonne des organisations impliquant plusieurs structures... Par un mélange d'action et de communication, l'association cherche à convaincre largement que la question alimentaire est un levier puissant pour agir à la fois sur l'environnement, la santé, l'emploi, le lien social et l'éducation, et tendre vers un modèle de développement respectueux des humains et de la nature.

© Mila Weissweiler

entretien avec...

GUILLAUME DUPUITS

président de l'association Mont'Plateau et directeur du lycée agricole de Montmorillon

COMMENT EST NÉE MONT'PLATEAU ?

Depuis une dizaine d'années, on observe un mouvement autour de **la relocalisation de l'alimentation**, qui s'inscrit dans une logique d'écologisation - au moins dans les volontés politiques affichées - même si cela tarde un peu à produire suffisamment de résultats. En 2009, le plan Barnier en faveur des circuits courts marque un nouvel intérêt pour l'alimentation locale et pour le levier que peut constituer la restauration hors domicile. Il existait cependant déjà des initiatives entraînant des changements de pratiques alimentaires, et en conséquence, de pratiques agricoles. Par exemple, Lons-le-Saulnier, dans le Jura, a agi sur la qualité de l'eau à travers la mise en œuvre d'une politique relative à l'alimentation. La prise de conscience des capacités d'actions locales en faveur d'un autre développement a progressé.

Dans le Montmorillonnais, sous l'impulsion de mon prédécesseur, Jacques Ferrand, tout est parti d'un petit nombre d'acteurs très mobilisés et interconnectés, qui ont estimé qu'il valait la peine de rassembler leurs forces en faveur d'une économie alimentaire locale vertueuse.

Le partenariat avec l'université a contribué à la structuration de la démarche, avec Samuel Arlaud et des étudiants qui ont joué un rôle important par la suite, comme Marion Mathé - première salariée de Mont'Plateau. Elle a réalisé en 2015 une étude qui a permis de poser un diagnostic sur les quantités mobilisables de denrées locales pour la restauration collective. Le collectif a ensuite décidé de constituer l'association pour favoriser l'approvisionnement local et de qualité dans la restauration hors foyer.

QUELS SONT SES OBJECTIFS ?

Une première vague de projets se développe jusqu'en 2018. Tous les éléments constitutifs d'un projet alimentaire territorial sont explorés autour de l'animation, de la mise en relation des acteurs et de la formation. L'enjeu est d'amener des producteurs et des acheteurs, qui n'ont pas l'habitude de travailler ensemble, à adapter pour les uns leur organisation de production et la diversité de leurs produits, pour les autres leurs modalités d'achat et de valorisation de ces produits. **Un projet d'acculturation croisée, en somme.**

Mont'Plateau travaille aussi sur **l'éducation au goût** et la lutte contre le gaspillage. Par exemple, manger au restaurant scolaire des plats cuisinés à partir de produits bruts a sans doute plus d'effet que des discours sur l'impact des choix alimentaires... Le lycée agricole a la chance d'avoir une équipe de restauration passionnée, qui aime cuisiner et transmettre.

La justice sociale constitue un autre axe de notre démarche. Il est intolérable que des personnes n'aient pas le choix de ce qu'elles mangent. Il y a une dimension économique, bien sûr, mais surtout un accès culturel à ouvrir. Comme dans le domaine de la formation, l'un des principaux objectifs est de permettre à des personnes, jeunes ou moins jeunes, de faire des choix, de ne pas subir. Cette **ambition émancipatrice** est au cœur du projet de Mont'Plateau. Les expériences avec des producteurs locaux indépendants ont permis de montrer que le choix du local n'était pas forcément plus cher, et qu'il produisait du plaisir à la fois pour le producteur, le cuisinier, et le consommateur !

Il est cependant délicat de placer le curseur dans le choix des producteurs et des produits : il faut être assez ouverts pour toucher suffisamment d'agriculteurs et favoriser ainsi l'évolution des pratiques sur un territoire - ce qui est une des ambitions principales du projet - sans pour autant perdre de vue l'exigence de qualité.

Pour mobiliser plus d'acteurs, la communication technique ne suffit pas : il faut en effet faire bouger les représentations sur ce qui est désirable et sur ce qui est faisable, ce qui nécessite un travail de médiation permanent.

COMMENT PARTICIPEZ-VOUS À CE CHANGEMENT DES REPRÉSENTATIONS ?

Mont'Plateau est un espace de confrontation des points de vue entre des acteurs divers : producteur, restaurateur, agronome, géographe, communicant, développeur, citoyen aussi. Dans nos territoires ruraux, il semble que la qualification de « zone défavorisée » finisse par s'imposer comme une évidence et limite les ambitions – on se persuade que le salut viendra de l'extérieur. Or, nous croyons beaucoup au développement endogène, porté par des acteurs locaux. Nous voulons animer des espaces de discussion, de débat et de construction de projets à l'échelle du territoire pour favoriser une transformation sociale, économique et environnementale. Cela prend désormais une place aussi importante que la restauration hors foyer. On peut regretter des tendances à l'œuvre à l'échelle mondiale, européenne, nationale, mais la seule question qui vaille est ce que nous, nous pouvons faire en échangeant des idées et en expérimentant.

Il me semble que nous sommes de plus en plus nombreux à discuter ensemble de ces questions sur le territoire. La communauté de communes devient un acteur moteur. Elle détient la capacité de faire bouger les lignes, notamment en croisant les enjeux dans la définition des politiques publiques, et c'est elle qui est légitime pour porter un projet territorial. Elle représente l'ensemble des acteurs, élus, habitants, entreprises, structures diverses, lesquels ne sont pas forcément d'accord sur tout. Finalement, l'enjeu est de définir un projet qui fait territoire.

le point de vue de...

TYPHAINE BRIAND

salariée de Mont'Plateau

Typhaine Briand, arrivée dans l'association après une expérience au sein de Slow Food International en Italie, a vite perçu où se situent actuellement les principaux enjeux de l'action de Mont'Plateau. Elle rend compte de sa vision :

ANIMER UN PROJET DE CO-CONSTRUCTION TERRITORIALE

Mont'Plateau joue un rôle d'animateur sur le territoire : l'association réunit les différents acteurs concernés par l'alimentation, et les aide à définir ensemble les champs de l'action collective. Ainsi, dès le départ, lorsqu'il a fallu décider sur quels critères de qualité travailler pour approvisionner localement la restauration collective, les adhérents se sont orientés vers un système de garantie de la qualité participative. Cela signifie que producteurs et consommateurs travaillent ensemble à définir et garantir la "qualité Mont'Plateau", tant sur le produit final qu'en ce qui concerne l'impact économique, social et environnemental de la production : tous sont impliqués dans la construction des critères et du cahier des charges, dans le processus de validation des adhésions des nouveaux producteurs, et dans le suivi de l'amélioration des pratiques. De là naissent la confiance, la transparence, des échanges d'expériences et de connaissances, et une démarche collective. La certification participative est une approche alternative à la certification par tiers (telle que la certification « Agriculture Biologique » par exemple) ; elle prend fortement en compte le développement territorial durable et les relations humaines.

Depuis quelques mois nous réfléchissons également à la manière d'optimiser la distribution. Comment assurer au plus grand nombre l'accès aux produits locaux de qualité, même dans les petites cantines de communes éloignées des principaux axes routiers ? Et comment éviter les nombreux déplacements non rentables pour les producteurs, ou coûteux pour les structures de restauration collective ? Comment y parvenir en maintenant les liens de proximité et de confiance entre producteurs et consommateurs... Beaucoup de questions se posent. La mutualisation des tournées semble être un moyen efficace pour réduire les coûts logistiques ; des producteurs se mettent déjà d'accord entre eux, mais pour aller encore plus loin, nous sommes en train d'analyser ensemble les besoins et les ressources disponibles (véhicules, lieux de stockage, chambres froides, trajets effectués, etc.) afin de favoriser l'émergence des solutions au sein du collectif. C'est complexe, et il est nécessaire que toutes les parties prenantes soient intégrées à la démarche pour ne faire du tort à personne et faciliter le travail de tous.

RENFORCER L'ATTRACTIVITÉ ET LA VITALITÉ DU TERRITOIRE

Nous sommes en zone rurale et agricole (en 2016, en Vienne-et-Gartempe, les agriculteurs représentaient 9 % de la population active contre 3,6% à l'échelle nationale), et le territoire est confronté au problème du renouvellement des générations dans ce secteur : en 2019 dans le département de la Vienne, il y a eu environ 360 cessations d'activité, contre seulement 90 installations (*source : Chambre d'agriculture de la Vienne*).

C'est pourquoi le rôle des associations comme le CIVAM ou Mont'Plateau est fondamental : elles contribuent à promouvoir l'attractivité du territoire, à donner envie à des porteurs de projets agricoles et alimentaires de venir s'installer en Montmorillonnais avec leur famille, à favoriser la diversification des activités agricoles plutôt que l'agrandissement. Car si nous n'avons pas vocation à remplacer les filières longues par les circuits courts, nous devons en revanche contribuer à construire les conditions nécessaires à la relocalisation et la diversification de l'alimentation, au maintien du lien social et au dynamisme du territoire.

Cela passe par une forte coopération avec les communes du territoire, avec lesquelles nous travaillons sur le recensement du foncier disponible ; par l'accueil des agriculteurs souhaitant s'orienter vers les circuits courts et les démarches de qualité ; par l'orientation vers les débouchés disponibles, ou encore la promotion et la communication relatives aux bonnes pratiques.

Cela passe enfin par de constantes collaborations avec le tissu associatif et culturel local (MJC, cinéma Majestic, Écomusée du Montmorillonnais, CPIE - Centre permanent d'initiatives pour l'environnement - Val de Gartempe, etc.) : de nombreux évènements, projections, expositions, sont organisés autour de l'alimentation avec les producteurs comme protagonistes.

C'est ensemble que nous pouvons animer le débat et les échanges avec les citoyens, sensibiliser et éduquer au goût, rappeler que les agriculteurs sont les garants de la préservation des paysages, de notre alimentation, de notre culture. L'humain est au cœur du territoire, c'est ce que nous souhaitons préserver et valoriser, ce qui permet de réinventer notre modèle de société.

LE RÉSEAU CIVAM

Le CIVAM - Centre d'initiatives pour valoriser l'agriculture et le milieu rural - met en lien les agriculteurs, les ruraux et la société civile pour promouvoir une agriculture plus économe, autonome et solidaire visant à nourrir, préserver et employer dans les territoires. Fidèle à ses valeurs d'éducation populaire, les CIVAM s'inscrivent dans un processus de transformation sociale par l'action collective.

Les agriculteurs adhérents du CIVAM du Montmorillonnais ont été à l'initiative de la création du magasin de producteurs March'Équitable. Le CIVAM a accompagné ce projet, ainsi que la mise en place de l'atelier coopératif de découpe de la viande en commun, Mont-Terroir à Adriers. Il poursuit également son travail sur les circuits courts, notamment en lien avec Mont'Plateau. Des groupes de maraîchers, éleveurs bovins, et producteurs en grandes cultures réfléchissent à leurs pratiques et travaillent à la transition agro-écologique. Le CIVAM du Montmorillonnais s'est aussi emparé de la question de la transmission des fermes.

CIVAM
26 rue du Marché 86300 CHAUVIGNY
05 49 00 76 11
montmorillon@civam.org
www.civam.org

MONT-TERROIR, UN OUTIL COMMUN

«*Se rencontrer et échanger permet de s'enrichir intellectuellement et humainement. C'est ainsi, souvent, qu'on bâtit un réseau et que naissent des projets en synergie*», analyse Pascal Baudoin, éleveur de vaches limousines et président du laboratoire Mont-Terroir. Installé en mars 2015 sur la commune d'Adriers dans la Vienne, cet atelier de découpe de viande est une coopérative d'utilisation de matériel agricole (CUMA) gérée aujourd'hui par 12 producteurs pour valoriser, à travers une découpe bouchère de qualité, leur production de viande bio et sans OGM. « *Mont-Terroir est une belle entreprise qui, de 7 producteurs et un objectif de 14 tonnes à sa création, est passée à 12, pour un volume de 32 tonnes annuelles. Mais installer un tel outil dans 156 m^2, en investissant collectivement 180 000 €, ne s'est pas fait du jour au lendemain... De la réflexion à sa traduction concrète, il s'est écoulé presque quatre ans* ».

Mont-Terroir est né dans le berceau du réseau national des Centres d'initiatives pour valoriser l'agriculture et le milieu rural (CIVAM). «*À l'époque, nous sommes quelques éleveurs qui travaillent en vente di-*

recte, et adhèrent à ce réseau national créé par et pour des agriculteurs. Comme les autres CIVAM, celui du Montmorillonnais promeut une agriculture plus économe, autonome et solidaire, visant à nourrir, préserver l'environnement et employer dans les territoires. Nous avions les élevages et la production, les abattoirs, les clients mais pas d'outil intermédiaire ! Le CIVAM a donc financé et animé une étude autour du projet qui présentait l'avantage de nous sortir de nos problématiques individuelles à travers la création d'un outil commun».

© Mila Weissweiler

Avec l'avancement des choses, la notion d'engagement se précise. Échanges d'expériences, avec l'appui de la fédération départementale des CUMA, dossiers de subventions[1] et prévisionnels financiers, plans du local au regard des besoins... autant d'étapes qui mènent le collectif à appréhender les enjeux juridiques, financiers et de fonctionnement. «*Nous avons élaboré un cahier des charges qui définit trois engagements principaux : que l'exploitation et le mode de production soient sans OGM, bio ou approchant ; que chaque adhérent s'engage financièrement au prorata de ses besoins prévisionnels de découpe de carcasses - ce qui définit le nombre de parts sociales dans la CUMA - et que chacun ait suivi une formation d'hygiène alimentaire (HACCP[2])*».

Restait à trouver un lieu et un boucher pour assurer la découpe. La commune d'Adriers a tout mis en œuvre pour accueillir rapidement l'atelier en goudronnant l'accès et en viabilisant la parcelle achetée par la CUMA. Parallèlement, les producteurs, désormais coopérateurs, décident de confier leur viande à un boucher qui vient de s'installer en micro-entreprise. Etienne Gilbert n'est pas un inconnu : fils d'un éleveur du cru, il a effectué des stages en formation agricole auprès de Pascal Baudoin, avant de poursuivre ses études pour se spécialiser en découpe bouchère et décrocher un CAP dans ce domaine. «*Son retour et son installation sont tombés à point nommé. Au-delà de l'utilisation du laboratoire de découpe - étant entendu que la mise sous vide et en colis, le nettoyage et la commercialisation sont assurés par les adhérents -, c'est son savoir-faire et la technicité de ses gestes qui valorisent nos viandes et font la satisfaction de nos clients*».

---

1. La CUMA a bénéficié d'aides de la Région (30 000 €) et de l'Union européenne (30 000 €) pour financer la construction du laboratoire de découpe.
2. HACCP est le sigle de *Hazard Analysis Critical Control Point* (Analyse des dangers - points critiques pour leur maîtrise)

2 En amont de Mont'Plateau : les producteurs

Les paysans sont sans cesse au travail
et c'est un mot qu'ils n'utilisent jamais.

Anton Tchékhov

Sans se nourrir, nul vivant ne survivrait. Manger est notre besoin biologique premier. Opposant des obèses à des nouveau-nés mourant de faim, le monde souffre, aujourd'hui, d'une injustice majeure concernant la nourriture. Manger est le premier acte vital, certes, mais, en raison de cette iniquité, un acte social, politique, juridique, moral et, sans doute aussi, sacré, puisque presque toutes les religions en font un rite. Or, depuis que des ancêtres de génie domestiquèrent certaines espèces de faune et de flore, nous dépendons des agriculteurs pour manger. Sans paysans, aucun humain ne survivrait. Le paysan est le père nourricier de l'humanité. Il occupe, en cela, une position exceptionnelle dans la condition humaine. Aucun professionnel ne lui est comparable. Or, une autre injustice, la même sans doute, accule aujourd'hui la paysannerie à la ruine, alors que nul ne pourrait se passer d'elle. Il est donc de nécessité vitale, de justice politique et morale, mais aussi d'urgence historique d'établir une exception agricole comparable à l'exception culturelle qui n'en est, finalement, que la copie, puisque la culture agraire seule nous permet de survivre.

Michel Serres

PHILIPPE ET FRANÇOISE ALAMOME

Ferme du Bagneau • Coulonges

LE CHOIX D'UNE AGRICULTURE PAYSANNE

La ferme du Bagneau, à Coulonges, est une ancienne maison forte ceinte de douves, au sein d'un bocage de 155 hectares, dont 144 ha en prairie où le trèfle blanc est roi.

L'exploitation a connu en une vingtaine d'années de sérieux changements. D'abord l'abandon, en 1999, de l'élevage conventionnel « vaches allaitantes/ovins et céréales », au profit d'une agriculture paysanne et durable. «*À l'époque, la conversion en bio n'était pas si courante*», se souvient Philippe Alamome. Avec son épouse, ils ont en pionniers cherché des solutions alternatives. «*Dès notre installation en 1989, nous nous étions orientés vers l'élevage sur prairies, afin que les bêtes pâturent de l'herbe fraîche et du trèfle blanc quasiment toute l'année. Nous avons choisi un vétérinaire homéopathe. Notre conversion en bio était déjà en projet quand la première crise, en Angleterre, de la vache folle (1997-1998), a montré les limites de l'élevage intensif et nous a confirmés dans nos idées*».

Françoise et Philippe Alamome décident de passer au bio, un concept encore balbutiant à l'époque. La filière ovine en bio n'était pas structurée et le label *Agneau Poitou-Charentes* n'existait pas (IGP, Indication Géographique Protégée, obtenue en 2004). «*Exploiter en bio, c'était compliqué et cher! La seule solution pour maintenir un coût de production raisonnable était de limiter les achats et tendre vers l'autosuffisance. Nous voulions rester autonomes et libres de nos décisions. Cela nous a menés, avec quelques autres agriculteurs-éleveurs, à créer en 2001 une antenne locale du CIVAM (Centre d'initiatives pour valoriser l'agriculture et le milieu rural), association qui s'appuie sur les savoir-faire, les expériences et l'énergie des agriculteurs, véritable trousse à outils du développement agricole et rural*».

LA FERME DU BAGNEAU
Philippe et Françoise Alamome
Le Bagneau 86290 COULONGES
05 49 91 77 02
palamome@orange.fr

Jacques Deport © Club Photo Vidéo Saulgé

PRÉCURSEURS DE MARCH'ÉQUITABLE ET MONT'PLATEAU

À partir de là vont naître **deux grands projets portés par les agriculteurs et les éleveurs locaux.**

D'abord **le magasin March'Équitable**, en 2006, lieu de vente directe permettant des revenus plus justes aux producteurs. Son offre de produits locaux aux cantines scolaires préfigure le second projet : **l'association Mont'Plateau** (2016), dédiée à l'approvisionnement local dans la restauration hors domicile. En 2015, se crée en coopérative le laboratoire de découpe Mont-Terroir, sur la commune d'Adriers, où « *la viande est découpée après un temps de maturation, dans les règles de l'art, ce qui préserve toutes ses qualités gustatives* ».

Ce sont autant d'outils locaux, avec du personnel et des débouchés locaux. « *Au-delà de la dynamique impulsée, nos produits sont plus visibles, et nos métiers aussi ! Nos engagements, nos savoir-faire sont valorisés* ». À travers ces projets porteurs pour l'emploi et le maintien d'une agriculture paysanne et durable, s'affirme l'image d'un territoire qui se soucie non seulement d'une alimentation saine mais aussi de l'avenir des paysages. « *Avec les questions environnementales, ces approches sont les grands enjeux de demain. Et même si demain, pour nous, annonce notre retraite, nous aimerions que nos successeurs travaillent selon la même dynamique, dans le respect de la terre et du vivant* ».

le point de vue de...

PHILIPPE ET FRANÇOISE ALAMOME

Ferme du Bagneau • Coulonges

UN PAYSAGE PRÉCIEUX ET FRAGILE

En Montmorillonnais, le patrimoine est, pour une part importante, naturel et paysager. C'est une richesse qu'il faut préserver : il convient donc d'accorder une attention particulière à la protection des haies qui ponctuent le paysage et contribuent à sa beauté.

Depuis des générations, ces haies jouent un rôle essentiel dans l'équilibre de l'écosystème et du vivant. Même si aujourd'hui elles ne remplissent plus les mêmes fonctions qu'autrefois – celles de produire du bois de chauffe et des fruits, de clôturer les prairies, etc. – elles conservent une forte valeur paysagère et agricole. En effet, outre son indéniable intérêt esthétique, la haie retient l'eau et la fait pénétrer dans des sols imperméables, elle favorise la reproduction et la protection du gibier ou des insectes, elle protège les animaux et les cultures des vents, procure de l'ombre aux troupeaux, etc.

Ardents défenseurs de ce paysage façonné par des générations d'hommes et de femmes avant eux, Françoise et Philippe Alamome font partie de ces visionnaires qui alertent : par rapport à d'autres territoires ruraux, le bocage en Montmorillonnais a été moins démembré et dénaturé au cours des dernières décennies. Alors que l'on observe depuis quelques années, dans d'autres régions, une tendance à la replantation des haies afin de lutter contre l'effondrement de la biodiversité et les conséquences du réchauffement climatique, il est important de ne pas maintenant faire ici les erreurs si souvent commises ailleurs, au nom de la rentabilité économique à court terme et d'une prétendue « *modernité* ». Comme l'explique très pertinemment Philippe Alamome, le Montmorillonnais a paradoxalement « *un temps d'avance* », puisque que l'on n'a pas détruit ici ces paysages bocagers !

Lire un territoire, c'est raviver les traces qui le constituent pour imaginer ce qu'il peut devenir.
Odile Marcel, in *Territoire du bocage, un paysage à lire,* éd. Tarabuste, 2002

« *Des haies arborées avec, par exemple, des gros chênes dedans, cela ne naît pas spontanément* », rappelle-t-il. Il faut a minima vingt ans pour recomposer une haie, et lui prodiguer beaucoup de soins dans les quatre à cinq années après sa plantation pour qu'elle se développe.

Des initiatives se multiplient pour tenter de préserver ce patrimoine : à Coulonges, par exemple, le conseil municipal auquel Françoise participe, a recensé à l'automne 2020 toutes les haies et tous les arbres remarquables de la commune. Il faudrait cependant que ce type d'actions s'inscrive dans des politiques publiques plus globales, et que les règlementations soient plus contraignantes pour éviter de voir disparaître, par arrachages plus ou moins autorisés, ces précieux éléments de l'équilibre environnemental d'un territoire. Détruire va tellement plus vite que recréer du vivant !

Cela fait déjà quatre ans que Françoise et Philippe Alamome ont le projet de passer la main à des repreneurs qui partageront la même attention portée à ce paysage si riche et apaisant. Ils souhaitent conserver leur maison d'habitation (dont les origines remontent au Moyen Âge) et quelques terrains, et cherchent à louer leurs autres terres. Ils voudraient rencontrer une jeune personne, un couple ou une équipe qui serait, comme eux, sensible à la beauté et l'harmonie de cet environnement, et capable d'inscrire cette dimension dans son projet.

Parce que la présence des haies contribue à la qualité de la vie de celles et ceux qui travaillent sur ces sols, à leur bien-être et leur équilibre, ils devraient – n'en doutons pas – croiser un ou plusieurs de ces nouveaux agriculteurs/éleveurs en quête d'équilibre et de sens, nouveaux artisans de notre planète à préserver.

© Mila Weissweiler

PASCAL ET VICTOR BAUDOIN

Ferme du Bouchage • Lathus-Saint-Rémy

LE BONHEUR EST DANS LE PRÉ

Né en 1967 dans une famille paysanne de la Haute-Vienne, Pascal Baudoin, qui parle vite et clair, est une personnalité chaleureuse de la nouvelle agriculture. Passionnément engagé, depuis plus d'une vingtaine d'années, pour son territoire, pour le respect des animaux et des sols, et pour la défense d'une alimentation saine, Pascal, ça se voit, est un paysan heureux. Il vit avec sa famille à Lathus, dans une ferme environnée de prairies (entretenues en longue durée, voire naturelles) où il peut observer ses vaches limousines pâturer avec leurs veaux. Sa compagne, Bénédicte, professeure de lettres au lycée de Montmorillon, n'hésite pas en rentrant des cours à chausser les bottes pour soigner les chevaux et aider au troupeau. Victor, le cadet des trois enfants est son associé dans l'entreprise depuis 2020, et Théophile, le plus jeune, qui s'intéresse à la volaille et aux ovins, poursuit sa formation agricole et a obtenu en 2021 une licence VITAL (valorisation, innovation et transformation des produits alimentaires). Chez Pascal, c'est de famille : il a eu pour grands-pères un marchand de bestiaux du côté de Saintes et un éleveur-viticulteur à Barbezieux. Depuis la cour de l'école communale, il pouvait voir ses parents s'affairer dans leur ferme à Bellac, en Haute-Vienne, et il aimait accompagner sa mère quand elle partait en camionnette livrer le lait frais dans les villages.

Comme beaucoup d'adhérents de la Confédération paysanne, Pascal n'aime pas trop qu'on l'appelle exploitant agricole, il préfère le beau mot de paysan - et d'éleveur, dans son cas. « *On choisit ce métier pour en vivre, bien sûr, mais aussi pour une idée qu'on se fait de la nature et de la société* », dit-il.

Après un bac technique agricole et son service militaire, il est six ans technicien commercial dans une petite coopérative agricole à l'esprit familial, qui se fait un jour manger par une plus grosse... Pascal reprend alors, en formation continue, ses études et à 29 ans, BTS en poche, il quitte la coopérative, dont il ne partage plus les valeurs, pour candidater à la reprise d'un fermage au lieu-dit le Bouchage. Dans ce domaine initialement dédié aux ovins, Pascal choisit d'élever des bovins malgré la défiance à l'égard de la viande, liée à la crise de la vache folle. Il propose de démarrer avec 105 vaches mères, et parvient à convaincre la propriétaire. D'un coup, il devient fermier, responsable de 108 hectares de terres ingrates !

JOUER COLLECTIF POUR GAGNER

Avec deux voisins, il lance un groupement pour mutualiser les moyens et créer un emploi salarié. Son combat pour toujours plus d'autonomie est engagé... Peu confiant dans les ressources extérieures pour nourrir ses bêtes, il mise sur une alimentation à l'herbe, sans production de céréales. Le réchauffement climatique l'oblige cependant à étendre les surfaces cultivées (240 hectares actuellement), en sélectionnant les parcelles les plus prometteuses pour le blé, le maïs, l'avoine ou l'épeautre. Associées sous forme herbacée à des légumineuses riches en protéines (trèfle, luzerne, sainfoin, minette...) et à des protéagineuses (pois et féveroles), elles permettent de se libérer des engrais azotés. Les OGM, naturellement, sont inconnus au Bouchage. Cette vision de la production, de l'environnement et du soin s'applique aussi aux pratiques vétérinaires : les animaux sont soignés en priorité par l'homéopathie et les huiles essentielles, avec l'expertise d'un vétérinaire du Groupement d'Interventions et d'Entraide (GIE) Zone verte.

Pascal atteint une autonomie complète de décision sur son entreprise au moment de son adhésion au CIVAM. « *Avec le CIVAM, on sort de chez soi et de l'isolement et on a envie de partager une vision collective* », explique-t-il. Une dynamique que n'apportent pas ou pas assez, selon lui, les Chambres d'agriculture, souvent dominées par le syndicat agricole majoritaire, la FNSEA.

Lorsqu'ils ne sont pas dans les champs à pâturer, d'avril à mi-décembre, les vaches, les veaux ou les jeunes bovins sont alimentés avec les produits de la ferme, en particulier le foin et l'enrubanné (un foin à peine sec et conservé sous vide pour éviter qu'il ne fermente). De plus, grâce à une coopération engagée avec la Brasserie de Montmorillon, Pascal récupère les résidus de brassage (la « drèche ») de l'orge concassé, très riches en protéines, qu'il mêle à de la drèche de blé. Une bonne alternative au soja industriel.

LE CHOIX DES RESSOURCES LOCALES ET DES CIRCUITS COURTS

Les bêtes sont commercialisées en circuits courts, après avoir été traitées localement : abattoir de proximité, découpe dans un atelier coopératif, maturation de quinze jours à trois semaines, vente à des organismes de restauration collective du Montmorillonnais en lien avec Mont'Plateau (dont Pascal Baudoin est devenu vice-président), dans des épiceries associatives de producteurs comme March'Équitable ou des points de ventes de proximité. La vente directe représente un quart du chiffre d'affaires de la ferme.

La ferme du Bouchage est placée sous le signe de l'humain et de la quête d'autonomie. Sous le signe aussi, et ce n'est pas contradictoire, d'un engagement collectif pour montrer qu'en agriculture, d'autres modèles que celui encore dominant sont possibles.

GAEC LA FERME DU BOUCHAGE
Pascal et Victor Baudoin
Le Bouchage 86390 LATHUS-SAINT-RÉMY
06 15 16 95 72 - 06 40 54 92 60
baudoin.pascal@orange.fr

FAMILLE BERTHOMIER

Ferme de la Fontallerie • Adriers

© Mila Weissweiler

«*On est moins pris pour des hurluberlus qu'avant*», lance Damien Berthomier en embrassant du regard les 250 brebis à l'abri de la pluie dans son étable. À 35 ans, il vient de reprendre avec sa femme Laëtitia, l'exploitation de son père André, récemment parti à la retraite. Il sait que sa démarche de conversion au bio est observée.

«*On nous regarde pour voir si ça marche !*», explique-t-il. «*Comme on ne met plus d'engrais depuis 10 ans, forcément on rigolait de nous au début parce qu'on produisait moins, mais au final, on produit à peine moins que les autres et, surtout, on produit sans avoir le coût de l'engrais. Donc, ça fait réfléchir autour de nous*», ajoute le jeune père de famille qui sait désormais que son choix est «*respecté*». Mais sa femme et lui ont aussi une autre raison d'être passés au bio. «*On a eu des enfants et on veut être en bonne santé pour eux*», confie-t-il sous le regard approbateur de Laëtitia.

Attentif à la conversation, le père, André, ajoute alors : « *On travaillait en CUMA* » (soit en coopérative pour le partage du matériel agricole), commence-t-il. « *En à peine quelques temps, on a perdu deux membres qui passaient le pulvérisateur dans nos champs, tous les deux morts d'un cancer. Ça nous a foutu la trouille* ». Puis il complète : « *Quand le soir, à la fin de la journée, vous descendez du tracteur avec un mal à la tête, on se dit que c'est pas normal* ».

Pourtant, convient-il, les cancers de ses deux voisins agriculteurs n'ont pas été formellement liés à l'utilisation de pesticides. Mais, lui le premier, a choisi de se remettre en cause.

Retraité depuis quelques semaines seulement, André explique n'avoir « *jamais été trop dans une politique productiviste* ». « *On a essayé, on s'en est éloigné* », ajoute-t-il. « *Pour espérer beaucoup vendre, il fallait beaucoup produire. Et pour produire beaucoup, il fallait aussi beaucoup acheter. Au final, on brassait beaucoup d'argent, mais il ne nous restait pas grand-chose.* » Lucide, il lâche : « *L'agriculteur fait vivre plein de monde autour de lui, mais lui, il ne vit pas !* »

Puis il poursuit : « *L'industrie nous apportait une réponse à chacun de nos problèmes mais le coût que ça avait nous bouffait nos marges, donc on est en train d'en sortir. Il faut réapprendre à produire. C'est dur d'arriver à la retraite et de se dire qu'il faut tout réapprendre ! Mieux vaut tard que jamais ; il était temps de prendre le virage* », juge-t-il aujourd'hui.

L'ENJEU DE L'AUTONOMIE

La famille s'est donc engagée dans un changement de ses pratiques « *pour vendre nos bêtes au meilleur prix* », avec le soutien du CIVAM Poitou-Charentes qui accompagne ce type de démarche. « *Si on compte tout le temps passé à vendre nos animaux, on gagnerait pareil à les vendre dans le circuit traditionnel.* » Pour la famille, l'enjeu de « *garder l'autonomie de la ferme* » se révèle donc « *un acte militant* », assure André.

Les animaux naissent et sont engraissés sur l'exploitation familiale. « *Au début, on faisait de la vente directe* », racontent Damien et Laëtitia. « *On faisait découper nos animaux, mais c'était plus ou moins bien fait. Donc, on a cherché à maîtriser la découpe. On savait qu'il fallait qu'on fasse notre propre atelier de découpe avec un vrai boucher. Ça a pris 7 ou 8 ans à se concrétiser !* »

L'abattage se fait désormais à quelques kilomètres de là. La viande revient ensuite à Adriers où elle est désormais travaillée par un boucher. Avec la famille Berthomier, plusieurs producteurs réunis en CUMA ont créé Mont-Terroir à Adriers : leur propre atelier de découpe et de transformation aux normes CE. En tant qu'exploitant adhérent, Laëtitia et Damien consacrent une partie de leur temps à la transformation de la viande (mise sous vide des pièces de viande à vendre, préparation de saucisses ou de viande hachée, par exemple). La production est ensuite écoulée via les magasins de producteurs, des épiceries locales, en vente directe, mais aussi via des collectivités, telles que des écoles ou des Ehpad.

© Mila Weissweiler

FERME DE LA FONTALLERIE
Famille Berthomier
Les Fontaines 86430 ADRIERS
06 33 60 67 33
laetidam@orange.fr

NOURRIR NOS ANIMAUX AVEC NOTRE PRODUCTION

Pour le couple, le désir d'autonomie se crée ainsi progressivement. « *On veut nourrir nos animaux avec notre production sur la ferme et on veut que notre production nous fasse vivre, nous, avant de faire vivre toute l'industrie autour* », poursuivent-ils. L'exploitation agricole dégage un chiffre d'affaires moyen de 120 000 euros mais reste encore dépendante à 45 % des subventions. « *Sans les subventions, nos produits seraient beaucoup plus chers* », reconnaissent-ils.

« *C'est un peu compliqué, mais on vit de notre travail* », reconnait Laëtitia. « *On se fait un petit Smic. La vente directe permet de valoriser notre travail mais on ne vend pas assez cher pour dire qu'on vit bien.* »

Une vie passée à observer le fonctionnement de l'économie agricole, André ajoute : « *Vendre aux particuliers, c'est très valorisant, parce qu'il y a la relation humaine. Je vous assure que ça a changé ma fin de carrière !* » Il poursuit: « *Le problème est structurel. La PAC a dit que l'alimentation ne serait pas chère, alors il a fallu subventionner !* »

« *On est à un moment charnière pour l'agriculture* », reconnait André. « *Quand dans les lycées agricoles, les enfants de paysans interpellent leurs professeurs pour dire 'mais mon père, il a toujours fait comme ça!', vous prenez conscience que les dégâts sur juste une génération d'agriculteurs sont énormes !* »

Mais déjà, la famille, dans son mode de production, se détache progressivement de ce monde d'avant. « *Par exemple, dans le monde classique, on va nous dire que nos bêtes ne sont pas aux normes. Dans la vente aux clients, on est déconnecté de ce monde-là et notre viande est parfaite et parfaitement découpée. Elle est d'autant meilleure que le boucher a pris le temps de bien la dégraisser et de la préparer* », ajoute Damien.

Juste avant de s'éclipser, son père, André, l'œil toujours vif, ajoute non sans satisfaction : « *Nos voisins agriculteurs (qui sont en conventionnel) viennent aussi acheter notre production.* »

Texte de **Clément Massé**

https://france3-regions.francetvinfo.fr/nouvelle-aquitaine/

Journaliste depuis 1999 (presse quotidienne régionale, RFI), **Clément Massé** travaille désormais pour France Télévisions. Également traducteur littéraire de l'anglais, il est l'auteur d'articles dans des revues (XXI, etc.).

FAMILLE CLERC

Ferme de la Fayaudrie
Lussac-les-Châteaux

UNE BELLE HISTOIRE DE FAMILLE

La ferme de la Fayaudrie, près de Lussac-les-Châteaux, est le fruit d'une longue histoire. Elle doit son nom aux hêtres des environs : le *fayau* (du latin *fagus*) est l'un des noms occitans du hêtre, bel arbre du pays poitevin. Entre la première installation de la famille sur ce site paisible du Sud-Vienne et la reprise la plus récente, en 2007, il s'est juste écoulé un siècle ! Sans remonter si loin, c'est en 1981 que les parents de Pierre-Jean Clerc, Bénédicte et François, s'installent d'abord dans une autre ferme pour y élever moutons et volailles, avant de revenir à la Fayaudrie en 1989. Ils y créent une ferme-auberge qui sera renommée dans la région, et passent, une vingtaine d'années plus tard, les rênes à leur fils et à sa femme Marie, tout en restant associés dans l'entreprise. La famille renonce à l'auberge mais accroît l'activité d'élevage en introduisant des vaches, une vingtaine de normandes pour le lait et une douzaine de maraîchines pour la viande. Une belle histoire aussi, que celle de la maraîchine, cousine germaine de la parthenaise, et qui a failli, malgré ses grandes qualités, disparaître après-guerre dans le mouvement de spécialisation des races : elle est sauvée dans les années 80 par l'Institut de l'élevage qui parvient à reconstituer et relancer la race à partir d'individus dispersés.

Pierre-Jean, qui avait suivi une formation agricole, travaillait au SIVEER (Eaux de Vienne) et n'avait pas prévu de reprendre la ferme. Marie n'avait pas d'expérience agricole. Elle avait obtenu un DUT (Diplôme universitaire de technologie) en gestion des entreprises et administration. Une formation qui se révèle précieuse aujourd'hui, après l'avoir complétée par un BPREA (Brevet professionnel responsable d'exploitation agricole), lequel est nécessaire pour s'installer et prétendre aux aides publiques.

Aujourd'hui, le couple Clerc, qui continue à bénéficier de l'expérience des parents, car la ferme semble marquée du sceau de l'entente entre les générations, gère en bio un cheptel d'une trentaine de vaches, 180 brebis (200 agneaux sont commercialisés par an), près de 10 000 volailles, surtout des poulets, répartis en plusieurs poulaillers séparés par de vastes terrains herbeux où ils passent la journée, mais aussi des pintades en robe noire à pois blancs, des canettes, des oies, des poulardes, et quelques poules pondeuses pour les œufs. Les brebis

© Samuel Arlaud

agnèlent naturellement et donnent naissance à environ 200 agneaux chaque année. Les veaux sont élevés sur la paille et nourris au lait de la traite durant quatre mois. Comme les agneaux, ils sont confiés à l'abattoir de Montmorillon puis découpés à la ferme. Toute la production est vendue directement au consommateur, ou en passant par un seul intermédiaire. Sept personnes travaillent sur l'exploitation : outre Pierre-Jean et Marie, les parents, un salarié, un apprenti et un boucher.

Marie se consacre beaucoup à la fromagerie, où la totalité du lait produit est transformé. Elle élabore de fameux yaourts aux framboises, fraises, pêches rouges, mirabelles, figues et rhubarbe, à partir de vrais fruits mûris et non traités, la plupart cultivés sur la ferme. Mais aussi du lait cru, du fromage frais, des fromages de vache. La vente se fait à la ferme pour 40 % de la production, et le reste en circuits courts locaux. La boutique a accueilli en 2001 d'autres producteurs de la région. Une fête annuelle, ouverte au public, rassemble tout le monde chaque année en septembre. Tout cela, bien sûr, est chronophage : heureusement que les trois enfants (une fille et deux garçons) s'intéressent à la vie de la ferme et suivent leurs parents dans leurs activités, ça permet de passer du temps ensemble...

La renommée de l'ancienne ferme-auberge, proche de la RN147, et l'estime dont jouissaient les parents de Pierre-Jean qui travaillaient déjà de manière « naturelle » avant de passer au bio en 2000, ont été des facteurs déterminants pour la réussite actuelle. Mais celle-ci repose aussi sur le choix confirmé du bio, la diversification des activités de la ferme, la valorisation de quasiment toutes leurs productions, et la recherche de l'autonomie alimentaire des animaux : l'exploitation comprend 50 ha de céréales et 58 ha de prairies, en herbe ou en foin. Les bonnes années, la ferme est auto-suffisante ; les autres, on a recours à des compléments alimentaires auprès de coopératives ou de collègues qui travaillent eux aussi en bio.

UNE SOLIDARITÉ ACTIVE

À la Fayaudrie, on ne conçoit pas le métier de paysan sans un engagement plus large, sans une solidarité active entre agriculteurs. C'est ainsi que Pierre-Jean est co-porte-parole de la Confédération paysanne, le syndicat qui milite pour « des paysans nombreux et des campagnes vivantes ». Lieu de débat essentiel pour l'avenir de l'agriculture française, on y noue de solides amitiés. La ferme adhère aussi à *l'association pour la valorisation de la race bovine maraîchine et des prairies humides* et l'association *La Maraîchine, vache poitevine,* qui s'attachent à préserver le patrimoine biologique régional.

Marie a observé, dans les dîners chez les amis ou lors des rencontres professionnelles, que l'agriculture biologique a la cote ! La profession commence à jouir d'un certain prestige. Il faut dire que l'alimentation saine représente aujourd'hui un enjeu majeur pour la société. D'ailleurs, pendant le confinement lié à la Covid-19, la Fayaudrie s'est trouvée un peu débordée par la demande : la vente de volailles à la ferme a quasiment doublé ! Et puis, on commence à savoir que paysan est une profession exigeante, tant sur le plan technique qu'en matière de savoir-faire, qui permet d'exercer des compétences très variées, tout en menant sa vie au plus près de la nature. Un métier d'avenir.

FERME DE LA FAYAUDRIE
Famille Clerc
Chemin de la Fayaudrie
86320 LUSSAC-LES-CHATEAUX
05 49 48 43 56 / 07 82 27 40 88
fermeclerc@gmail.com
www.ferme-de-la-fayaudrie.com

+ EN VIDÉO

JARD'INSOLITE

Saulgé

L'INSERTION PAR LE TRAVAIL DE LA TERRE

Sur les quatre hectares du Jard'Insolite à Saulgé, légumes et herbes aromatiques ne sont pas les seuls à murir. Si le maraîchage permet de vendre en panier des légumes bio à une centaine d'abonnés, il constitue aussi un outil d'accompagnement socio-professionnel pour ses jardiniers. Comme sur tous les sites du réseau Cocagne[1], Jard'Insolite est une association d'insertion qui cultive avant tout la solidarité. Frédérique Nebas, coordinatrice et chef de culture, apprécie cette dimension humaine tous les jours. « *Le maraîchage est un travail concret qui offre le double avantage de la diversité des tâches et de la continuité. Nos salariés participent à tout, des semis aux récoltes, de l'entretien des terres et des machines jusqu'à la confection des paniers et à la vente directe. Le jardin permet à des personnes en difficultés professionnelles ou personnelles de retrouver un emploi et de reconstruire un projet individuel* ».

© Mila Weissweiler

Structure d'insertion par l'activité économique, Jard'Insolite propose des contrats de 24 à 30h, en CDD renouvelable jusqu'à deux ans. Le temps, pour des personnes très éloignées de l'emploi, de (re)trouver des réflexes liés à la vie professionnelle, travailler à un projet personnel, voire se former pour les plus jeunes. Quelques mois qui, au-delà de l'accompagnement des encadrants au jardin, sont aussi des temps de vie collective.

1. Association regroupant les Jardins de Cocagne et d'autres structures respectant une charte commune : de la production maraîchère via l'insertion par l'activité économique. Les premiers Jardins de Cocagne sont fondés en 1991 par Jean-Guy Henckel à Chalezeule, près de Besançon.

« Bien sûr, désherber un rang de carottes est un travail individuel qui laisse le temps de réfléchir, surtout quand le linéaire fait deux kilomètres, mais la plupart des missions sont effectuées collectivement. Tout comme les saisons ont un cycle, produire des légumes bio obéit à un rythme de tâches qui sont interdépendantes les unes des autres. À l'arrivée, c'est le travail d'une équipe que nos abonnés saluent chaque semaine en venant chercher leur panier de légumes bio, locaux et de saison ».

Autre source de fierté pour les jardiniers : contribuer à nourrir sainement d'autres clients… Jard'Insolite vend en effet une partie de sa production à quelques restaurateurs locaux ainsi qu'à des écoles du secteur. *« Pour les chefs de cantine comme pour nous, c'est une opération gagnante. Nous leur cédons à bas coût les "légumes moches" ou abîmés que nous ne pouvons ni vendre, ni mettre en panier, et eux sont contents de cuisiner des menus pour les enfants avec des légumes frais et bio ».*

Jard'Insolite ne s'est pas fixé pour but de valoriser et donner du goût ; pourtant, ce sont bien ces valeurs qui se déclinent en filigrane à travers le travail du champ à l'assiette, y compris les relations humaines qui les sous-tendent et dessinent, au fur et à mesure, la possibilité d'un autre avenir.

Le panier d'automne

Les feuilles se ramassent à la pelle, quelques fruits & cucurbitacées tiennent compagnie aux légumes : pastèques, rhubarbe, potimarrons, potirons, haricots plats, pommes de terre, carottes, radis rouge, radis noir, radis chinois (daïkon), tomates, courgettes, navets, physalis, laitues, piments, poivrons, panais…

JARD'INSOLITE
Frédérique Nebas
La Grange à Gaudon 86500 SAULGÉ
06 72 00 68 84
jard.insolite@orange.fr
www.jardinsolite.fr

Par gourmandise, j'ai choisi de devenir cuisinier, et je mangeais ce qui me faisait envie avant de penser à ce qui était bon pour ma santé. Guidé par un ami nutritionniste, j'ai découvert peu à peu les bienfaits des céréales et des légumineuses (légumes secs), des graines, et l'intérêt de mieux les cuisiner…

Régis Marcon,
in *Céréales et légumineuses*, éd. La Martinière, 2018

José Vidal © Club Photo Vidéo Saulgé

FAMILLE MATRINGHEM

Jouhet

Originaire du Pas-de-Calais, le père de François Matringhem s'est installé en 1976 à Jouhet où il a commencé par produire des céréales et des pommes de terre. Avec ses frères Arnaud, Vianney et Gilles, François a repris l'exploitation familiale qui compte désormais 580 hectares répartis sur 4 sites (sur les communes de Jouhet, Brigueil-le-Chantre, Lathus-Saint-Rémy et Montmorillon), convertis en agriculture biologique depuis 2002. Une partie est irriguée, ce qui permet de produire des légumineuses de qualité, ainsi que des graines de courges, principalement commercialisées en circuit court.

Les frères Matringhem ont choisi le bio pour ne pas être dépendants des entreprises multinationales et pour l'avenir de leurs enfants. Ils voulaient gagner en autonomie et ne pas utiliser des traitements phytosanitaires. Ce choix leur a permis de maintenir la biodiversité sur leurs terres, et d'améliorer la santé des sols grâce à une rotation des différentes cultures, avec une alternance céréales (blé, maïs, orge, épeautre, petit-épeautre) / légumineuses (féveroles, soja, pois, chanvre, lentilles, pois chiches, haricots blancs ou rouges). Même si cela nécessite plus de main-d'œuvre, le désherbage est mécanique (désherbeurs thermiques), et de nombreuses cultures sont binées. Des plantes différentes sont associées afin de fertiliser et couvrir le sol, ce qui empêche les mauvaises herbes de se développer et la terre de se dessécher, tout en protégeant la vie microbienne.

Les céréales ont ainsi trouvé un équilibre naturel et poussent sans trop de problèmes (peu d'insectes prédateurs ou de maladies), tandis que certaines légumineuses, comme les lentilles, nécessitent peu d'interventions, sinon au moment de la mise en sachet (tri, calibrage, etc.). Des ruches vont bientôt être installées à Jouhet, afin de favoriser la pollinisation et stimuler la culture des courges.

La vente directe en circuit court, appelée à se développer, représente déjà entre 10 et 15 % du chiffre d'affaires annuel, l'autre partie de la commercialisation étant réalisée avec des coopératives. Pour François Matringhem, l'équilibre économique ne peut reposer que sur la complémentarité de ces deux modèles.

FAMILLE MATRINGHEM
Lieu-dit Sigée 86500 JOUHET
06 84 98 38 94
matringhem.francois@orange.fr
www.nogalia.fr/boutique/gaec-matringhem

© Ferme d'Ayana

CLÉMENT PETREAU ET ORIANE MOUSSAOUI

Ferme d'Ayana • Saulgé

Sur 12 hectares achetés à Saulgé, petite commune d'un millier d'habitants entourée de bocages, au bord de la Gartempe, Clément Petreau a créé en 2017, avec l'aide d'Oriane Moussaoui, une micro-ferme radicalement en rupture avec les modèles dominants. Animés par la volonté de renouer avec une tradition paysanne et vivrière - une forme d'*agriculture naturelle* reposant sur l'autosuffisance - ils y produisent des légumes, des aromates et des plantes médicinales - en faisant le choix de se passer au maximum des énergies fossiles et totalement des intrants chimiques ; des plantations de fruitiers enrichiront bientôt leurs récoltes.

Dans ce domaine expérimental où s'épanouit le projet d'un couple qui n'avait pas originellement projeté de devenir des maraîchers, mais souhaitait donner du sens à leur vie commune et être heureux, on renoue, en l'adaptant, avec une pratique inspirée des maraîchers parisiens du XIXe siècle ! On développe le micro-maraîchage intensif. Clément et Oriane travaillent à la main diverses parcelles de petite surface, agencées selon les méthodes de la permaculture qui favorisent la biodiversité et les écosystèmes naturels.

Le tracteur s'appelle Archie, c'est un âne pyrénéen attelé en simple pour les activités agricoles ordinaires. Pour les travaux lourds et les céréales, les jeunes fermiers se font aider d'une paire de bœufs vosgiens attelés au joug.

Clément raconte qu'enfant il s'était déjà réservé dans le jardin de ses parents, à Poitiers, une petite parcelle où il cultivait des carottes, des salades et des fleurs. Ce goût ne s'est pas perdu dans sa passion de l'escalade, de la haute montagne et sa licence en Tourisme sportif de pleine nature ! Il revient d'un séjour au Vietnam avec l'envie de mieux comprendre notre mal-être humain et environnemental. La recherche de l'autonomie alimentaire et énergétique lui apparaît comme un élément essentiel de la réponse.

C'est alors que doté d'une bonne documentation théorique (Jeavons, Eliot Coleman, Pierre Rabhi...) et pratique (les méthodes de la Ferme de la Grelinette au Québec ou du Bec Hellouin en Normandie, la communauté Pachamama à Palma, etc.), et puisant à ces différentes sources, Clément Petreau entreprend de trouver les meilleures conditions de production adaptées aux terres acquises à Saulgé. Avec Oriane, elle-même licenciée de la faculté de lettres et langues de Poitiers et artiste de cirque, ils réinventent, ils testent, ils expérimentent des pratiques et des outils visant à accroître leur propre résilience, et leur sécurité alimentaire de demain. C'est ainsi qu'au-delà des classiques pelle, houe, bêche ou fourche, ils utilisent et adaptent des outils innovants comme le semoir de précision à 6 rangs pour les petits légumes, la double houe maraîchère, le campagnol...

© Ferme d'Ayana

Afin de dépendre le moins possible du système consumériste mondialisé, ils se font aider par un voisin forgeron pour l'amélioration et la réparation des outils. Clément a menuisé lui-même un joug décalé pour s'adapter aux encolures différentes des deux bœufs ; Emmanuel Fleurant-Didier, maître-bouvier dans une commune voisine, et spécialiste de la traction animale, lui a conseillé la « forcat », un porte-outil catalan plus sophistiqué que le simple araire (utilisé depuis le IVe millénaire av. J-C) qui permet un labour peu profond ne créant pas de « semelle », ce qui évite de dégrader les sols.

Le jardin médicinal *Le petit Ginko* complète le projet dans le domaine de la naturopathie, discipline à laquelle se forme Oriane. Elle est consciente des enjeux liés à la prévention des déséquilibres de l'organisme, car être en bonne santé et le rester, c'est un apprentissage. Même si cela ne détermine pas tout, loin s'en faut, l'alimentation physiologique est un des piliers de l'équilibre à rechercher.

La transmission, le partage d'expérience et la solidarité sont aussi au cœur de l'engagement du couple : la ferme accueille des stagiaires du lycée agricole de Montmorillon, des copains qui viennent aider ; la charpente de la nouvelle « boutique » installée en plein air au bout d'un chemin reliant la micro-ferme à une petite route de campagne, vient – par exemple - d'être taillée et dressée avec Baptiste Clisson, un charpentier d'excellence - ami d'enfance de Clément...

Cet idéal doit s'appuyer sur une viabilité économique. Grâce à la vente directe et aux circuits courts, la qualité des produits de la ferme a rapidement été appréciée et saluée. L'entreprise entre dans sa quatrième année sans avoir rien perdu de son enthousiasme ni de son esprit d'innovation. Elle a su s'attirer un vrai soutien local, à la fois auprès de la commune et auprès d'une clientèle séduite par l'énergie et les valeurs humaines des jeunes fermiers.

L'idée derrière tout cela, pour Clément et Oriane, est de contribuer à dessiner les contours d'un mode de vie durable. *Ayana*, disent-ils, signifie en amérindien « fleur éternelle ».

FERME D'AYANA
Clément Petreau & Oriane Moussaoui
Rue de la Vergande 86500 SAULGÉ
07 81 71 76 22
fermedayana@gmail.com

+ EN VIDÉO

ARMELLE PAGEAUT-NIBEAUDEAU

L'arbre à légumes • Queaux

Après des études de lettres, Armelle Pageaut-Nibeaudeau, originaire de Châtellerault, a enseigné le français pendant 15 ans dans une structure privée où elle a été amenée à travailler sur des thèmes sanitaires et sociaux. C'est l'origine de son intérêt pour les problèmes de santé liés à l'alimentation et l'agriculture. Afin de se rapprocher de Queaux, son lieu de vie, elle décide de changer de métier. Elle aime le jardinage, le contact avec la terre, elle a des convictions écologiques. En juillet 2019, après une courte formation de design en permaculture, puis un brevet professionnel « Responsable d'exploitation agricole », elle franchit le pas et devient maraîchère. Avec l'aide de ses proches, le soutien de la mairie qui met à sa disposition un beau terrain de 6500 m^2, ainsi que du CIVAM et de Mont'Plateau, et grâce aux conseils d'autres maraîchers expérimentés, elle se lance dans la culture d'une quarantaine de variétés de légumes et aromates, en certification Bio.

© Julien Lecomte-Elka

Le changement de vie assez radical n'a pas été évident, mais elle fait les choses à son rythme, en ayant recours le moins possible à la mécanisation pour privilégier un rapport authentique avec la nature. Le maraîchage est une activité très physique qui respecte le temps du vivant et correspond à sa recherche personnelle. Ce n'est cependant pas toujours simple : elle est moins disponible pour ses jeunes enfants l'été, car c'est la période où les cultures la requièrent beaucoup, et elle compense en les accueillant sur ses activités, pour jouer ou se rendre utiles à leur gré, et puis elle leur consacre plus de temps l'hiver... Autre difficulté : ses légumes n'arrivent pas toujours à maturité au moment où ses clients les lui demandent, en revanche ils sont beaux, sains et savoureux. Il s'agit donc de trouver des compromis entre les réalités naturelles et les contraintes de l'économie dans laquelle elle inscrit son activité.

Elle dispose de peu d'équipements. Convaincue par la permaculture, elle tend vers zéro moteur et zéro essence, même si elle a dû se résoudre à acheter une motobineuse, puis un tracteur en juillet 2021, afin d'alléger sa charge de travail. La permaculture et ses principes sont assez méconnus, dit-elle. Elle perçoit même une certaine opposition sur le sujet. Chez les anciens et dans le milieu agricole, on lui dit parfois qu'il n'est pas possible de vivre avec une production en permaculture mais chez des jeunes, pas forcément issus du milieu agricole, on se montre plus réceptif. En tout cas, Armelle reste fidèle à ses convictions : si elle est venue à l'agriculture, c'est dans l'idée de ne pas utiliser de produits phytosanitaires, d'atteindre le moins possible l'environnement, d'utiliser le moins possible les intrants agricoles qui ont une répercussion sur la santé.

Elle vend ses produits sur commande ou sur appels en vente directe, également à travers un groupe d'achats à Gençay et l'organisation Mont'Plateau.

Armelle revendique une approche féministe du travail de la terre, c'est-à-dire un rapport plus respectueux des équilibres de la nature, et qui évite de forcer les sols avec des machines. « *En tant que femme*, dit-elle, *ce qui me touche, c'est de préserver la Terre, notre mère la Terre, ce féminin-là*. » Elle compare volontiers le mal que l'on fait à la terre à celui qu'on fait aux femmes. Être actrice de cette transformation écologique et éthique, contribuer à prendre soin de notre bien commun, la terre nourricière, est ce qui guide son engagement et son action.

+ EN VIDÉO

L'ARBRE À LÉGUMES
Armelle Nibeaudeau-Pageaut
Route de la Poste 86150 QUEAUX
06 75 56 95 44
armelle.nibeaudeau@yahoo.fr

MICHEL ET DOMINIQUE PERRIN

Ferme des Plants • Saulgé

UN PAYSAN-BOULANGER

La semaine de Michel Perrin est rythmée par des activités immuables. Être paysan-boulanger n'est pas une sinécure. Même si les tâches quotidiennes sont diversifiées, c'est quand même du 7j/7 ! Le lundi est toujours consacré à trier et nettoyer le blé pour les fournées de la semaine. Le mardi, on s'occupe du levain, dont il faut suivre la fermentation, puis on façonne le pain, avant d'attaquer l'étape délicate de la cuisson pour satisfaire, le mercredi, la clientèle du marché de Montmorillon.

Après avoir été, pendant 14 ans, éleveur et céréalier en agriculture conventionnelle, Michel Perrin est devenu paysan-boulanger bio sur sa ferme à Saulgé. « *La mutation a pris du temps. Au-delà du changement de métier, c'est tout un système que mon épouse Dominique et moi avons refusé progressivement. L'abattage du troupeau en 1982, pour cause de brucellose, a été pour nous un choc et la réforme agricole (PAC) de 1992, orientée vers toujours plus de productivité, nous a fait réfléchir. À l'époque, nous utilisions toujours plus de pesticides dans les cultures et d'antibiotiques dans l'élevage ; je les ai réduits d'année en année. J'ai cherché non plus à exploiter la terre mais plutôt à travailler avec elle, comme le faisait intuitivement mon grand-père. En 1997, j'ai passé une partie des terres en bio et laissé la place à des prairies naturelles destinées à quelques chevaux. Pendant l'hiver 2000, j'ai remis en état le four à pain, à 20 mètres de la maison. J'ai acheté farine et levure pour faire du pain. La famille a aimé, nos amis aussi, puis les amis des amis... L'envie était là et j'ai décidé de me former pour devenir paysan-boulanger* ».

FERME DES PLANTS
Dominique & Michel Perrin
Les Plants 86500 SAULGÉ
06 63 47 55 43
paysanboulanger@gmail.com

+ EN VIDÉO

© Mila Weissweiler

Jacques Deport © Club Photo Vidéo Saulgé

L'ENGAGEMENT D'UN COUPLE

Rapidement, les pains du couple Perrin trouvent une clientèle assidue sur les marchés. L'aventure s'avère viable et, Michel le confesse, il gagne mieux sa vie désormais. « *À l'époque, mon blé ne répondait jamais parfaitement aux attentes des coopératives et ce sont elles qui fixaient les prix. Aujourd'hui, 1 kg de mon blé représente 1 kg de pain que je vends moi-même. La plus-value revient sur la ferme, c'est le prix du travail* ». En juillet, Michel récolte son blé. Les 10 ha cultivés lui assurent les 15 tonnes dont il a besoin pour sa saison de pains. « *Des pains faits à l'ancienne, des pains-aliments, de ceux qui ne servent pas juste à pousser la nourriture vers la fourchette mais qui nourrissent vraiment* ».

Le jeudi, Michel débute sa journée à 6 heures pour allumer le four à bois et le mener à température. Quatre heures incompressibles occupées à pétrir, surveiller la fermentation, puis façonner et cuire le pain. L'après-midi, il rejoint Poitiers pour livrer les enseignes bio avec lesquelles il travaille. Vendredi et samedi ressembleront à jeudi, si les conditions météorologiques auxquelles four et levain sont sensibles, ne varient pas. Sinon seul le savoir-faire du paysan-boulanger permettra d'assurer de nouvelles fournées aussi bien pour les restaurateurs que pour les magasins de producteurs voisins et le marché dominical à Poitiers. « *Et le 8e jour... je me repose !* », plaisante Michel qui n'aime rien tant qu'entendre ses clients dire qu'ils n'achètent pas du pain, mais... *son* pain !

© Mila Weissweiler

ELIE PONTONNIER

Gouex

La vie d'Elie Pontonnier, maraîcher installé à Gouex, aurait pu prendre un tour bien différent. C'est au milieu des légumes qu'il cultive aujourd'hui, qu'il se sent lui-même, en harmonie avec la terre et avec ses convictions. Il est pourtant entré dans la vie active avec un BTS Analyse et Conduite des Systèmes d'Exploitation. Durant dix ans, il travaille comme commercial et vendeur en magasin à l'Alliance pastorale, un groupement d'éleveurs qui rassemble plus de 40 000 adhérents sur le Centre-Ouest. « *C'était intéressant et j'y ai appris beaucoup de choses mais voilà, j'en avais fait le tour. Je souhaitais devenir agriculteur et faire de l'élevage. Le hic ? Trouver des terres et acheter des bêtes, ce qui suppose de structurer une exploitation. Pas toujours simple à réaliser. Il a fallu réfléchir, me demander ce que j'aimais vraiment faire, ce dont j'avais réellement envie* ».

Installé depuis 2018 à « la Rallerie », Elie travaille sur son exploitation de 2 hectares, en bord de Vienne. Accompagné de sa chienne Maya, il répartit son temps entre 7 000 m^2 consacrés à la culture de plein champ et 600 m^2 de serres non chauffées, le tout conduit en agriculture biologique. Au-delà de la labellisation AB, le jeune maraîcher a conçu son activité autour d'un principe fondamental à ses yeux : le respect du vivant ! « *Attentif aux semences, aux plantes, au sol mais aussi à l'air et à l'eau, j'essaye de minimiser l'impact de mon exploitation sur l'environnement. Les semences sont issues de variétés «population» et donc non-hybrides à 98 %, en adéquation avec la terre dans laquelle elles poussent. Je cherche aussi à favoriser les synergies entre les plantes, qui peuvent se compléter et s'enrichir mutuellement. Je cultive par exemple les courgettes (légumes d'été) derrière les choux-fleurs (légumes d'hiver), les fanes des seconds servant de paillage aux premières. En utilisant deux fois le même espace, je diminue à la fois mes taxes et ma logistique. Je me sers de ce dont je dispose sur place pour protéger la culture suivante, tout en tenant compte de la demande des plants par rapport au sol, un légume gourmand en azote succédant à un autre, moins demandeur, etc.* »

Convaincu que des plants produits sur place, avec les caractéristiques du terroir dans lequel ils grandiront, seront moins malades et moins gourmands en eau, Elie les confectionne lui-même. « *D'autre part, je fertilise avec la cendre de mon bois, laquelle les nourrit en potasse et en phosphore, et je récupère (ou j'achète) le fumier d'un voisin ou les déchets verts de la commune* ».

SUR L'EXPLOITATION, L'ÉCONOMIE EST UN CONCEPT ESSENTIEL

Que ce soit pour le matériel, le carburant et les autres sources d'énergie, ou encore l'eau, les finances ou sa propre santé, Elie privilégie l'économie. «*Par conviction, je fais en sorte de limiter les énergies fossiles. C'est ainsi que mon tracteur, utilisé seulement une cinquantaine d'heures par an, reste le plus souvent au garage au profit de l'énergie humaine... La mienne ! Mes outils sont pour la plupart manuels : une houe fabriquée avec mon père, un planteur manuel, une bêche. Je bouscule le moins possible le sol, sinon de façon superficielle. La pratique du paillage fait gagner du temps - même si cela oblige à composer avec les rongeurs - et je fais confiance aux organismes vivant dans le sol (vers de terre et autres auxiliaires) pour l'aérer*». Au contraire des pratiques motorisées à outrance, les sols de la Rallerie sont préparés par un passage de cultivateur et de fraise, avant que le maraîcher y pousse un semoir manuel. Quant à l'arrachage, il se fait à la grelinette ou à la bêche.

© Mila Weissweiler

En toute saison, Elie Pontonnier limite les arrosages grâce à des techniques de goutte à goutte et de paillage en récupérant les herbes fauchées aux abords des serres et des cultures. Des pratiques qui permettent de réduire les besoins de carburant et de matériel, lesquels sont chers à l'achat comme à l'entretien.

Évidemment, la production s'en ressent mais, par choix, Elie Pontonnier ne veut rien forcer. « *Mes légumes poussent naturellement, sans engrais ni pesticides, ce qui ne tire pas vers une production en quantité. C'est le prix de la qualité !* » sourit le maraîcher, qui prend souvent le temps d'expliquer que des légumes standardisés sont des productions qui ont été (mal)traitées et (mal)menées. Dans ses champs et ses serres, les légumes poussent à leur rythme en développant leurs qualités nutritives et organoleptiques propres, loin de la surproduction et des « canons de beauté » des rayons d'hypermarchés.

CIRCUITS COURTS : CULTIVER LA RELATION À L'AUTRE ET AU VIVANT

Travailler la terre, cultiver des légumes, cela suppose une adaptation permanente et un temps de travail qui varie en fonction des saisons : 20 heures hebdomadaires en périodes creuses contre presque 90 heures de mai à mi-juillet, lorsque la mise en production coïncide avec les récoltes longues de haricots verts et autres petits pois.

En favorisant le circuit court, des achats en amont jusqu'à la commercialisation de ses produits, Elie ne déroge pas à ses principes. Le vivant, il le savoure à chaque étape, dans ses échanges avec la terre et l'environnement mais aussi à travers les relations qu'il tisse avec ses clients. « *La vente directe permet de vrais rapports humains, avec la cantinière de l'école de Gouex comme avec les clients qui viennent directement acheter sur l'exploitation. Même chose au magasin de producteurs March'Équitable, à 25 km de chez moi, où j'assure quelques permanences. Ce sont des moments privilégiés, qui me rappellent pourquoi je me lève tous les matins et me confortent dans mes choix. Économiser l'énergie et privilégier ce qui donne du sens, c'est aussi accepter de bien cerner mes besoins et me contenter de ce que je juge nécessaire. Une éthique qui englobe tous les aspects de mon travail et de ma vie. Le bonheur, ça se cultive !* ».

ELIE PONTONNIER
4 route de Queaux 86320 GOUEX
06 26 94 56 40
elie.pontonnier@hotmail.fr

FAMILLE RATHIER

Ferme du bois • Journet

À la Ferme du Bois à Journet, Christelle et Stéphane Rathier ne cessent de réinventer leur métier d'agriculteurs. « *Aujourd'hui, 80 % de nos activités sont liés à la pomme de terre mais, lorsque nous nous sommes installés en 1998, nous avions un troupeau de vaches limousines et nous produisions des céréales. Les choses ont évolué au fil des années, petit à petit, tout comme les besoins de la société dans laquelle nous vivons. Produire, transformer et vendre des pommes de terre prêtes à consommer en frites ou en purée, conditionnées en sachets, aurait été inconcevable pour nos aînés. Mais le besoin existe et nous y répondons, en vente directe sur la ferme ou en libre-service via des casiers sécurisés. Les particuliers comme les gestionnaires de cuisines collectives des collèges ou lycées n'ont pas toujours le temps ou le personnel nécessaire pour laver, éplucher et couper les légumes* ».

LE GOÛT DE L'INNOVATION

L'idée de consacrer une partie de ses 120 hectares à la pomme de terre est venue en 2009 à Stéphane Rathier un peu avant le printemps, période propice à cette culture car le tubercule se plante en avril-mai pour être récolté entre fin août et mi-septembre. Le couple s'est lancé. « *La production était assez simple à mettre en œuvre même s'il nous a fallu sélectionner, seuls, les variétés en fonction de critères alliant la résistance en culture à des qualités gustatives. Peu à peu, certaines espèces comme la Mona Lisa, la Rosabelle, l'Altesse ou, pour les frites, la Caesar et l'Agria, ont pris une part importante sur l'exploitation. En 2018, nous avons cessé l'élevage et décidé d'investir dans une chambre froide pour conserver ces légumes riches en féculents. Une seule récolte peut représenter jusqu'à 200 tonnes, qu'il faut ensuite vendre...* »

Choisissant de ne pas travailler avec des grossistes, Christelle et Stéphane Rathier se sont concentrés sur la vente en circuits courts, à la ferme ou via les magasins de producteurs. « *Nous vendions également en direct auprès de quelques restaurateurs et collectivités mais c'est à partir du moment où nous avons proposé nos pommes de terre sous vide, prêtes à consommer en frites, cubes, lamelles ou juste épluchées pour les purées, le tout en sachets de 5 et 10 kg, que nous nous sommes ouvert le marché de la restauration hors domicile et de l'événementiel* ». L'investissement en structure et matériels s'est avéré payant puisqu'aujourd'hui, en plus des casiers en libre-service à Montmorillon, les pommes de terre de la Ferme du Bois alimentent l'été

les friteuses des fêtes de village, celles des festivals du département et, durant toute l'année, les cuisines et espaces de restauration de nombreuses collectivités scolaires, administratives ou de santé. Un modèle économique que le couple, qui emploie désormais un salarié en la personne d'Antoine, leur fils, compte bien dupliquer avec une nouvelle production, des carottes qu'ils viennent de semer sur leurs terres.

LA FERME DU BOIS
Christelle et Stéphane Rathier
Le Bois 86290 JOURNET
06 32 78 80 21
stephanerathier@orange.fr

© GCom

EMMANUEL RÉROLLE

Fromagerie Rérolle • Liglet

DES ALPINES EN POITOU

L'alpine chamoisée a gardé quelque chose de l'élégance et de la vivacité de ses ancêtres savoyards. En Poitou, elle n'escalade plus les rochers : chez Emmanuel et Mélina Rérolle, les chèvres de cette race, la première de France en population, exercent leur agilité sur les vallonnements en prairie naturelle du Pré de la Font, à Liglet, dans la Vienne. Voici une fromagerie qui n'a pas la folie des grandeurs ; ici, on vise autant la qualité de vie des animaux que la saveur des produits, et le respect de la nature compte autant que l'activité commerciale.

L'entreprise est l'aboutissement d'un parcours original : les Rérolle ne viennent pas du monde paysan. Originaire de l'Est de la France, avec des ancêtres bourguignons et francs-comtois, Emmanuel est diplômé de la renommée École supérieure Purpan de Toulouse, comme ingénieur agricole. Mélina, une copine de classe de sa sœur, a fait des études à Paris et, titulaire d'une maîtrise de linguistique de la Sorbonne, elle a passé le concours de professeur des écoles. Durant des années, Emmanuel a travaillé au sein du groupe Sodiaal (Yoplait/Candia). Il y a été, entre autres, responsable de la collecte de lait de vache en Rhône-Alpes. Il gérait une centaine de chauffeurs et gagnait bien sa vie mais au prix d'un stress permanent. Un jour il décide de changer de vie et de tenter l'élevage. Mélina passait ses vacances, adolescente, dans une ferme près de Liglet. Ils y séjournent en villégiature pendant plusieurs années et un jour une opportunité se présente : un fermage sur une exploitation de 18 hectares et d'une centaine de chèvres. En 2009, c'est décidé, Emmanuel s'y installe et acquiert un hectare pour y construire une maison. Mélina, qui a obtenu sa mutation de directrice à l'école de Saint-Savin, le rejoint bientôt avec leurs trois enfants.

UNE NOUVELLE AVENTURE...

Le chemin ne sera pas bordé de roses. Au long d'un bail de 9 ans, Emmanuel reconstitue un cheptel, réamorce des marchés et commence à diversifier ses canaux de commercialisation. Mais les relations avec les propriétaires, restés associés à la fabrication des fromages, se dégradent, les produits en pâtissent, le voisinage devient tendu.

Au point que sept ans après son installation, le couple se demande s'il ne doit pas laisser tomber. Mais la famille se plaît dans la Vienne, Emmanuel aime son nouveau métier et Mélina apprécie ses élèves et ses collègues. Ils décident d'accroître leur autonomie en construisant avec deux amis une nouvelle fromagerie pour pouvoir assurer le contrôle de la fabrication. La construction, plus tard, d'un quai de traite et l'agrandissement de la chèvrerie permettront d'améliorer les conditions de travail et l'autonomie pour la production du lait. La fromagerie reste cependant une entreprise familiale, loin de l'esprit industriel.

Les bêtes sont nourries au pâturage sur les prairies naturelles mais aussi de foin sec produit sur l'exploitation et d'aliments français sans OGM. Les 40 chèvres, 8 chevrettes et 3 boucs (dont un cou-clair du Berry) que compte aujourd'hui le troupeau, bénéficient d'un élevage traditionnel : les antibiotiques sont bannis et on n'induit pas les chaleurs de manière artificielle. Le lait, dont une partie rachetée à la chèvrerie de Leignes-sur-Fontaine, celle d'un ami qui a repris la moitié de leur cheptel, est transformé (1 500 litres par semaine – il faut 2 litres de lait pour fabriquer une pyramide, par exemple) dans leur propre laboratoire agréé CE. La chèvrerie prépare toute l'année un fromage de chèvre au lait cru. Comme la ferme ne se trouve dans aucune zone d'appellation, elle peut se permettre une grande variété de fromages : pyramides, bûches, crottins, chabis, palets, dés apéritifs, frais nature ou aux fines herbes, et même des crèmes glacées artisanales. Avec de jolies créations : le Liglet cendré, le camembique et le feuillus.

On les trouve aussi bien au lycée professionnel agricole, au Centre de plein air de Lathus, à la MJC Claude Nougaro qu'au Lucullus, restaurant gastronomique de Montmorillon avec lequel Emmanuel entretient un partenariat, et au Val de Gartempe à Jouhet, ainsi que dans les commerces de proximité du secteur.

LE SENS DU COLLECTIF

La chèvrerie accueille des groupes scolaires, des visiteurs venus des centres de loisirs, présente des ateliers de fabrication de fromages dans les classes et participe à la Semaine du goût. Emmanuel aime le contact avec les clients, en particulier sur les marchés, où on peut échanger des recettes.

Notre éleveur est également actif dans le mouvement agricole. Les magasins de producteurs ont démarré d'abord en Rhône-Alpes, et les Rérolle y avaient été sensibilisés lorsqu'ils y habitaient. Lors d'un colloque sur les ventes directes, Emmanuel avait découvert l'existence de March'Équitable, qui ouvrait au public quelques heures par semaine. Dès le début de son installation, il s'intéresse donc aux circuits courts et participe au déménagement de March'Équitable au cœur de Montmorillon. Il est aussi parmi les premiers producteurs qui commencent à livrer directement les cantines, et contribue à la naissance de Mont'Plateau. Avec trois autres producteurs, il crée le Bon Coin Paysan à Chauvigny, devenu un magasin de produits locaux où la vente est assurée par les consommateurs bénévoles avec l'aide de quelques producteurs. La fromagerie Rérolle est adhérente au CIVAM, à Solidarité Paysans (mouvement de lutte contre l'exclusion en milieu rural), Agrilocal86 (restauration collective), Chevriers de Nouvelle-Aquitaine et Vendée (fédération régionale de syndicats caprins) et à l'Agence de l'alimentation en Nouvelle-Aquitaine.

Toutes ces initiatives, auxquelles Emmanuel Rérolle a activement contribué, et les liens de solidarité qu'il a su tisser, montrent bien comment on peut transformer une réalité locale grâce à une vision, de la volonté et l'engagement persévérant d'une poignée d'hommes et de femmes.

+ EN VIDÉO

FROMAGERIE RÉROLLE
Emmanuel Rérolle
Le pré de la font 86290 LIGLET
06 15 75 32 85
emmanuelrerolle@yahoo.fr
www.fromagesrerolle.fr

3 En aval de Mont'Plateau : manger local & ensemble

> Le plaisir est aussi une récolte.
>
> **Bill Mollisson, cofondateur de la permaculture**

> Le bien-manger est pour moi une fête,
> passer à table un plaisir chaque jour renouvelé.
>
> **Régine Deforges**

> J'aime ce qui me nourrit :
> le boire, le manger, les livres.
>
> **Étienne de La Boétie**

MARCH'ÉQUITABLE

Épicerie de producteurs

En passant la porte de March'Équitable, un panier sous le bras, la plupart des clients ignorent que leur magasin de producteurs, désormais au cœur du centre-ville de Montmorillon, se résumait il y a quelques années à quelques planches posées sur des tréteaux dans une grange de Saulgé, une commune voisine. « Nous avons la chance de poursuivre ainsi une belle aventure, se souvient Christine Wolf. En 2006, nous étions un petit groupe de consommateurs soucieux de leur alimentation, qui achetaient leurs produits sur les marchés ou à la ferme. Le projet de réunir dans un collectif consommateurs et producteurs nous a rapidement séduits. » Christine est co-présidente et anime l'association avec l'éleveur Jean-Luc Duquesne. À leurs côtés, Philippe Alamome, éleveur lui aussi, était à l'époque président du CIVAM du Montmorillonnais. « Philippe est à l'initiative du projet. Et c'est sous l'aile du CIVAM, une structure de valorisation de l'agriculture, que March'Équitable s'est développé autour de l'alimentation et des circuits courts. Il s'agissait de proposer des produits locaux et de saison, en assurant leur traçabilité et leur qualité, avec des producteurs qui s'engageaient à des pratiques respectueuses des humains, des animaux et des sols ». Principes qui, au fil de l'évolution de March'Équitable, ont fourni la base d'une charte et d'un contrat moral dans la relation avec les clients.

Aujourd'hui, ils sont nombreux à s'approvisionner auprès de la quarantaine de producteurs présentés dans les 100 m² de la boutique mais, avant 2014 et l'implantation en cœur de ville, l'épicerie a dû pallier un manque de visibilité et s'attacher à diversifier sa clientèle.

«La question de l'alimentation perçue comme outil de développement économique et de maintien d'une agriculture paysanne ne suscitait guère alors l'engouement des collectivités. Nous sommes tout de même parvenus à proposer des repas composés de produits locaux et de saison dans les écoles de nos villages, et nous fournissons à présent huit cantines scolaires.

Ce chemin, nous l'avons fait avec l'aide de tous les acteurs de la chaîne, y compris les parents d'élèves et certains élus qui se sont mobilisés. La décision de déménager de la Grange à Gaudon dans un local mieux équipé en centre-ville a favorisé un meilleur ajustement de l'offre à la demande. La vente directe crée par essence un vivier d'échanges sur les attentes des uns et la réalité du travail des autres. Avec une quinzaine d'années de recul, il est évident que March'Équitable a tissé du lien sur notre territoire. Des synergies se sont développées avec d'autres associations telles que Jard'Insolite (exploitation maraîchère biologique accueillant des personnes en réinsertion) ou Mont'Plateau, constituant peu à peu une économie collaborative et circulaire. Le tout, en préservant la philosophie initiale du projet : donner du sens à la production et à la consommation, du champ à l'assiette ».

MARCH'ÉQUITABLE - PRODUITS PAYSANS
2 boulevard de Strasbourg
86500 MONTMORILLON
05 49 48 53 08
march-equitable@orange.fr
www.march-equitable.com

LE CH'TI SAULGÉEN

Épicerie rurale multiservice

© Julien Lecomte-Elka

Née à Lille, Sandrine Brunin a d'abord travaillé une vingtaine d'années dans le Nord de la France, dans les secteurs de la gestion financière et administrative. Un ras-le-bol des grandes villes et la volonté de redonner du sens à sa vie l'ont conduite à Saulgé en 2018.

C'est une belle histoire, et l'illustration d'une rencontre heureuse (et intelligente) entre une volonté politique communale et une entrepreneuse portée par des valeurs.

Dans cette commune d'un peu plus de 1 000 habitants, la supérette de centre-bourg avait fermé en 2017, à la suite d'un départ à la retraite. Pour ne pas laisser le village sans épicerie, l'équipe conduite par Jacques Larrant, alors maire, a été visionnaire. Sachant qu'un commerce traditionnel, dont l'économie ne reposerait que sur l'alimentation, serait difficilement viable, la mairie a imaginé un concept d'*épicerie-conciergerie*. Elle souhaitait soutenir la création d'un projet qui stimulerait aussi la vie du village, et serait porté par une personne capable de répondre aux besoins et à la demande (de produits, mais aussi de services) d'une population dont une part importante est relativement âgée, parfois peu mobile. Il fallait donc inventer un lieu polyvalent, hybride, susceptible d'enregistrer les attentes et d'offrir des solutions adaptées. La volonté municipale était de favoriser tout autant le commerce que le lien social, et de faire en sorte que ce lieu atypique devienne un facteur de redynamisation locale.

Un appel à candidature a été lancé, la commune – propriétaire des locaux de l'ancienne supérette – proposant des conditions d'installation très favorables (rénovation et mise aux normes du bâtiment, etc.). Sandrine qui prospectait de son côté, et avait identifié en France quelques destinations où poser éventuellement ses valises, a relevé le défi et a dépassé les espérances des élus : ce qu'elle a construit, « c'est le drugstore américain » n'hésite pas à dire, avec admiration, Jacques Larrant qui estime que c'est le plus beau succès de ses quatre mandats électifs !

En plus d'être une épicerie, le Ch'ti saulgéen offre une palette de services : dépôt de pain et point presse ; relais de la Poste et de la Française des jeux ; réception ou dépôt de colis ; vente de gaz, de vêtements, de livres, etc. ; salon de thé et bar licence 3, en plus d'une exceptionnelle sélection de bières du Nord ; petite restauration et service traiteur avec plats et desserts faits maison et une baraque à frites ; expositions, en particulier avec le club photo de Saulgé, et animations culturelles.

Pour l'alimentation, ses liens avec Mont'Plateau l'ont amenée à référencer un grand nombre de producteurs en circuit court, membres ou non de l'association : en particulier les viandes des fermes des Berthomier, Alamome ou Baudoin, les fromages de chez Rérolle ou de la Fayaudrie, les légumes frais de l'ADECL à Lussac (association d'insertion) et les légumes secs de chez Matringhem, des miels de Saulgé ou la farine du Moulin de Lathus avec laquelle des pizzas sont fabriquées sur place, etc. Pendant le confinement du printemps 2020, Sandrine a pu répondre à la demande grâce à la mobilisation de certains d'entre eux, qui se trouvent à proximité, comme la ferme d'Ayana pour les légumes, qui l'a approvisionnée 7 jours sur 7.

Quand elle a quitté la métropole lilloise, on l'a traitée de folle. Aujourd'hui, Sandrine qui voulait des poules et entendre le coq chanter, contribue grandement à réactiver l'esprit convivial d'un village où il fait bon vivre !

LE CH'TI SAULGÉEN
17 La Chegnade
86500 SAULGÉ
09 50 15 29 80
www.facebook.com/Multiservicessaulge

MONT'ÉPICERIE

Épicerie sociale de la MJC

À Montmorillon, proposer à l'épicerie sociale, récemment dénommée Mont'Épicerie, des produits locaux issus de circuits courts semble désormais aller de soi. Pourtant, la démarche initiée en 2016 a connu quelques vicissitudes avant de parvenir aujourd'hui à fournir 15 à 20 % de l'aide alimentaire destinée aux personnes les plus fragiles. Coordinateur « Vie sociale » à la MJC, Alexis Frémondeau avoue avoir été marqué lors de sa prise de poste, en 2014, par les déplacements hebdomadaires à la Banque alimentaire de Poitiers. «*2 heures de route aller/retour, plus le temps consacré sur place à réceptionner puis trier les fruits et légumes invendus par la grande distribution - parfois pour en jeter presque la moitié -, tout cela pesait lourd sur les horaires des professionnels et des bénévoles. Nous avons commencé à réfléchir autrement, c'est-à-dire en termes de territoire et de réseau*».

L'épicerie sociale intègre alors le réseau ANDES[1] dont le programme Uniterres permet, grâce à une subvention aux achats, de s'approvisionner auprès de producteurs locaux. Une révolution pour l'équipe ! «*Les couleurs et les odeurs explosaient dès l'ouverture des portes du camion de livraison. Et les familles accueillies ont toutes noté la différence de qualité et de saveur... Même si nous l'avions voulu, il aurait été difficile de faire machine arrière ! Mais nous savions le programme Uniterres[2] fragile. Avant son interruption, en 2018, nous avions déjà cherché et trouvé de nouveaux financements pour faire perdurer cette action*».

Par ailleurs, d'autres acteurs montmorillonnais de l'éducation (centre de plein air, écoles et lycées) souhaitaient, eux aussi, s'appuyer sur les circuits courts. Manquait le lien crucial entre l'offre et la demande. Ce n'était pas simple, mais la volonté commune de trouver des synergies a fini par aboutir en 2016 à la naissance de l'association Mont'Plateau. « *Pour maintenir l'avitaillement en produits locaux à l'épicerie, la MJC a développé un travail de sensibilisation auprès des publics d'autres secteurs, comme ceux du centre de loisirs ou de la Biblio'Steak[3], son restaurant solidaire. Mont'Plateau a joué un rôle déterminant pour*

---

1. ANDES : Association Nationale de Développement des Épiceries Solidaires, réseau unissant plus de 380 épiceries sociales et solidaires, 5ème acteur de l'aide alimentaire en France.

2. Uniterres : programme lancé en 2011 par l'association ANDES, visant à favoriser une coopération en circuits courts entre des épiceries solidaires et des agriculteurs locaux.

3. *Biblio'Steak* : restaurant solidaire de la MJC Claude Nougaro, qui travaille des produits majoritairement issus des circuits courts et des produits déclassés ou vendus « à date courte » par la grande distribution. Le menu est accessible dès 3,50 € (aux moins de 25 ans et selon quotient familial). Il est provisoirement fermé depuis la crise de la COVID-19 en 2020.

faciliter les choses entre producteurs et acheteurs de la restauration hors domicile. D'abord en nous faisant rencontrer les maraîchers, éleveurs et producteurs, qui sont devenus au fil du temps plus que des fournisseurs : de vrais partenaires. Ensuite, en nous faisant accéder, grâce au réseau qu'elle fédère, à d'autres financements, qui sont venus compléter l'enveloppe du CNES[4]. »

Fille de l'éducation populaire, la MJC a pour objectif de permettre à chacun de développer des savoirs et des savoir-faire. « *Pour cela, les produits locaux sont d'excellents vecteurs ; ils permettent de sensibiliser les personnes aux questions alimentaires, d'échanger, de créer du lien, d'organiser des animations (soirées à thèmes avec les producteurs, conférences gustatives, ateliers cuisines, etc.)* ».

Aujourd'hui, à côté des supermarchés locaux, une vingtaine d'artisans, éleveurs, producteurs, maraîchers du territoire fournissent les matières premières alimentaires à la MJC. Douze tonnes par an de dons ou de produits déclassés ! Au-delà du souci d'éviter le gaspillage, ces apports valorisent les circuits courts et témoignent d'une véritable dynamique de territoire autour des enjeux contemporains de l'alimentation.

MONT'ÉPICERIE
Épicerie sociale de la MJC
14 rue des Récollets
86500 MONTMORILLON
05 49 91 04 88
www.mjcmontmorillon.fr
epicerie@mjcmontmorillon.fr

4. CNES : Crédit National Épicerie Solidaire, fonds créé par l'État pour venir en aide aux épiceries solidaires.

CANTINE DU LYCÉE AGRICOLE

Montmorillon

Sauf si vous y êtes expressément conviés, vous n'aurez probablement pas l'occasion de déjeuner au lycée professionnel agricole Jean-Marie Bouloux (LPA) à Montmorillon. Dommage, vous y trouveriez l'occasion de vous débarrasser de quelques idées reçues sur « la cantine ». Certes, on parle aujourd'hui d'espace de restauration, c'est plus chic semble-t-il ! Mais le vrai bouleversement, c'est en coulisses qu'il se joue, en cuisine. Pour Frédéric Turbeau, chef cuisinier du lycée, « *tout commence par la volonté d'élaborer des repas à base de produits locaux et de saison, à partir d'une connaissance intime du territoire et de ses ressources, producteurs, éleveurs, maraîchers…* ». À cela s'ajoute son désir de revenir aux bases du métier, de travailler les produits et de.... cuisiner ! « *Ouvrir des poches sous vide et faire réchauffer permet effectivement un gain de temps, une manutention réduite, des commandes standardisées, un budget maîtrisé... À priori, que des avantages, pour une structure comme la nôtre ! Mais où est le goût ? La saveur des aliments, le plaisir de préparer et servir un plat dont on peut être fier ?* »

Frédéric Turbeau et son équipe conçoivent 600 repas/jour sur un service à midi et un autre le soir, pour l'internat. « *En restauration collective, être chef cuisinier, c'est aussi gérer un budget. Cela oblige à faire des choix, en adéquation avec la politique de l'établissement. Celle du lycée agricole est clairement orientée vers le développement durable et les circuits courts* ».

Partenaire naturelle, l'exploitation agricole du lycée fournit le chef en viandes (bovins, ovins, caprins) et en jus de fruits bio issus du verger pédagogique. « *Nous travaillons aussi avec le réseau Mont'Plateau qui met en relation producteurs du territoire et acheteurs de la restauration. Se faire livrer du fromage de chèvre par celui qui l'a fabriqué change forcément le rapport au produit. La proximité permet aussi l'achat mutualisé de viande sur carcasse ou de légumes bio, souvent moins chers parce qu'ils paraissent « moches » et sont invendables en panier. Autant de façons de réduire les coûts et de proposer chaque jour des produits frais au menu, sans parler d'une semaine thématique annuelle* ».

© Julien Lecomte-Elka

Les commentaires des lycéens et leurs assiettes vides à la fin des repas montrent combien les résultats sont positifs. « *C'est une autre façon de travailler les produits, cuisinés le matin même. Les viandes sont grillées à la demande, le foie - qui n'est pourtant pas la star des selfs - se poêle à la minute... Ça change tout, de la saveur de l'assiette au plaisir des rapports humains ! Au fond, c'est ça, le cœur de mon métier !* ».

LYCÉE AGRICOLE DE MONTMORILLON
« Château-Ringuet » - CS40047
86501 MONTMORILLON Cedex
05 49 91 03 97
lpa.montmorillon@educagri.fr
www.formations-agrinature.com

LE TEMPS DES CERISES

Restaurant à Lussac-les-Châteaux

Jacques Larrant © Club Photo Vidéo Saulgé

Le nom du restaurant de Fatiha Drouche à Lussac-les-Châteaux, *Le temps des cerises*, fait penser à la Commune. Le choix, pour enseigne, de cette chanson liée au soulèvement parisien de mars 1871 en faveur d'une république plus démocratique et sociale, n'est sans doute pas un hasard. Il suffit, pour s'en convaincre, d'écouter la restauratrice parler de son métier. «*Je viens de la banlieue parisienne où mon père était restaurateur. C'était aussi un homme impliqué politiquement, un militant. Il faut croire que cela se transmet. Même si j'ai débuté comme professeur d'histoire-géographie, la cuisine m'a vite rattrapée !*»

Après quelques années dans la restauration auprès de compagnies des arts et du spectacle, Fatiha crée l'association Le Temps des cerises, dédiée à l'activité de traiteur à domicile. Le projet d'ouvrir un restaurant se concrétise en 2011. «*Avec Myriam Rouil, mon associée et amie de longue date, nous souhaitions que ce soit une société coopérative. La SCOP est pour nous un choix qui porte une autre vision du travail, fondée sur la transparence, l'équité, la solidarité et la responsabilité sociale*». Des principes qui ne sont pas des concepts creux puisqu'ils se déclinent au quotidien jusque dans l'assiette des 24 couverts de la salle.

«*Dès le départ, nous avons décidé de ne travailler que des produits frais, locaux, bio le plus souvent, et de saison. Cela donne une carte restreinte, avec 3 propositions en entrée, plat et dessert, mais tout est réellement fait maison. Au début, il a fallu expliquer pourquoi il n'y avait pas à la carte de tomates en hiver, ni de desserts à base de fruits exotiques et autres bananes, certes bio mais en provenance du Guatemala !*» sourit Fatiha, qui concède que travailler essentiellement les produits du terroir oblige à pas mal d'inventivité et exige de s'approvisionner chez des professionnels bien identifiés. «*Je ne travaille qu'avec des personnes dont je connais les produits, les installations et les conditions de culture et/ou d'élevage. L'arrivée d'un second cuisinier m'a permis de développer ce réseau, tout comme mon implication dans l'association Mont'Plateau qui met en contact éleveurs et producteurs avec les professionnels de la restauration, dans une démarche de qualité et de circuits courts.*»

La vie du *Temps des cerises* ne se limite pas à sa carte et au contenu de ses assiettes. Le lieu s'inscrit dans un territoire et un microcosme local qui font aussi son identité. «*La restauration offre un panel de métiers très différents et nous travaillons beaucoup avec les lycées professionnels, les structures d'accompagnement socio-professionnel, voire d'insertion de personnes éloignées de l'emploi. En stage de découverte ou en formation de CAP, travailler en cuisine ou en salle ouvre à un apprentissage des savoir-faire tout autant qu'à la découverte d'un savoir-être. Bien sûr, mettre en salle quelqu'un qui apprend le service, avec des gestes encore mal assurés, présente un risque ; expliquer et « débriefer » prend du temps, de même que s'approvisionner à 95% en local. Tout cela entraîne des coûts mais ce sont des choix assumés. Ce n'est pas juste une assiette que nous proposons, c'est aussi un engagement et un modèle de société.*»

Jacques Larrant
© Club Photo Vidéo Saulgé

LE TEMPS DES CERISES
10 place Saint-Sornin
86320 LUSSAC-LES-CHÂTEAUX
09 81 35 94 83
www.facebook.com/
Le-Temps-des-Cerises
-247558302454864

Le Meilleur Souvenir de
MONTMORILLON
SON
MACARON
LE MACARON DE MONTMORILLON
I
Macaron de Montmorillon
Vous êtes le meilleur du monde !
Tenez, demandez à la ronde :
Certes le meilleur macaron !
II
Il faut louer avec faconde
De chez nous le plus beau fleuron,
Qui séduirait même Caron
Avec sa pâte exquise et blonde
III
Blancs d'œufs, sucre et comme saveur
Amandes douces bien pilées,
Pétri le tout avec ferveur
IV
Délices on vous vend collées
Par douze sur un vil papier
Mais comme il en devient altier !
Marcel FROMENTEAU

partie 3

Regards gourmands sur le Montmorillonnais

Je reste convaincu qu'un beau paysage est aussi un bon paysage.
Le fromage, le vin, la viande en portent le goût...

Alexandre Chemetoff, architecte

entretien avec...

OLIVIA GAUTIER

Restaurant Les Orangeries à Lussac-les-Châteaux

EST-CE QUE LE GOÛT ET LES SAVEURS S'APPRENNENT, S'ÉDUQUENT ?

Je ne sais pas si la question se pose ici. Moi qui suis née en ville, j'ai l'impression qu'à la campagne tout est beaucoup plus savoureux, goûteux, à condition bien sûr de chercher un peu - du côté des circuits courts par exemple. Comment expliquer ça ? D'abord, pour moi, les lieux ont chacun leur goût. C'est très mystérieux même si cela s'explique scientifiquement par la symbiose des écosystèmes. Le goût du pain n'est jamais le même d'un boulanger ou plutôt d'un fournil à l'autre. J'y suis très sensible : les lieux ont un climat, une odeur, une saveur. Chaque lieu impose aussi son architecture, même en cuisine : le matériel que l'on a, la façon de travailler, la temporalité. Au-delà des ingrédients, je ne suis pas sûre qu'un chef prépare la même cuisine selon l'endroit où il se trouve.

Ensuite, en milieu rural, on suit davantage les saisons. On peut profiter de produits au summum de leur saisonnalité, récoltés ni trop tôt ni trop tard. Et puis l'ultra fraîcheur ! Les légumes et les fruits approvisionnés quasi en temps réel ou cueillis du jour, sont un atout. Tout le monde reconnaît la saveur d'une tomate de jardin poussée en pleine terre à la lumière du soleil, ou le croquant d'une salade de jardin ! Cela étant, il y a des goûts qui se désapprennent. Le lait de ferme peut apparaître trop goûteux à quelqu'un qui n'a pas l'habitude, le pain au levain un peu plus acide, etc.

Enfin, se remplir de saveurs évite la consommation compulsive. L'enjeu du goût est là : arrêter la malbouffe, c'est-à-dire de mal manger, de trop manger. Cela suppose une pédagogie, qui commence par l'école.

JUSTEMENT, EST-CE QUE VOUS PARTICIPEZ À DES ACTIONS PÉDAGOGIQUES EN CE SENS ?

Nous sommes surtout intervenus sur des thèmes écologiques : gestion des déchets, gaspillage, avec une réactivité incroyable des enfants, même les plus jeunes. Mais on a aussi parlé recettes dans les écoles comme des arts de la table. Comment doit-on se tenir à table pour se sentir bien et partager son plaisir ? Comment mange-t-on ? (ce qu'a étudié Paul Ariès). Il y a tellement de choses qu'on devrait apprendre à l'école…

COMMENT CRÉER DES LIENS ENTRE VOTRE CUISINE ET LE TERROIR ?

Le déclic s'est produit grâce à la démarche Écolabel. C'était en 2005-2006. Cette démarche nous a vraiment construits parce que c'est un référentiel très bien fait ; quel que soit le type de produit ou d'activité, il offre la même grille de travail sur les déchets, l'énergie, les achats responsables, la sensibilisation, l'eau, les ressources.

Nous étions pris d'une sorte de fébrilité à l'innovation. Nous avons lancé un menu « éco-fret » (le mot locavore n'existait pas encore) en nous focalisant sur les achats. J'ai recherché tous les producteurs des alentours et ça a été l'occasion de rencontres fabuleuses, parce qu'en plus d'être des pionniers du bio, de l'agriculture durable, ils étaient tellement bienveillants et gentils ! C'est là que j'ai rencontré Éric de Traz qui élevait des pigeons, toujours actif au CIVAM, Jean-luc Duquesne pour les agneaux, Philippe Massière qui à l'époque produisait des aromatiques à Chauvigny. Et la ferme de la Fayaudrie, bien sûr… On s'est mis à parler recettes parce qu'ils connaissent tous très bien leurs produits. Pour moi, c'était précieux de savoir ce qu'ils en pensaient, quels étaient les bons morceaux, les quantités qu'ils pouvaient fournir en restant bio… De vrais partenariats. Avec Jard'insolite, l'AMAP de réinsertion en bio, c'est aussi une belle collaboration. Chacun s'adapte à l'autre avec beaucoup de respect : ils pensent à moi dès qu'ils éclaircissent (mini légumes), qu'ils ont de la roquette qui monte en fleur, ou qu'ils fauchent des champs de basilic. Je viens à la rescousse quand ils ont des légumes moches, ou en surproduction, ou en fin de saison, au moment des tomates vertes par exemple. L'échange, le partage d'infos fonctionnent très bien.

Le fait que la nature est toujours en mouvement rend les choses parfois difficiles, parce qu'il y a dans nos métiers une demande de régularité, de prestations calibrées. Pour ma part, j'ai du mal à faire des menus très à l'avance, sans connaître le meilleur de la saison. L'été 2020, par exemple, les tomates sont venues en quantité avec une bonne qualité gustative mais rendaient tellement d'eau à la cuisson, que nous étions obligés d'égoutter les tians. Au lieu de jeter cette eau, on l'a valorisée au menu dans un risotto de tomate, avec au résultat une belle acidité et beaucoup de fraîcheur, relevée par des brisures de chèvre frais et des tomates cerises ajoutées au dernier moment qui éclataient dans la bouche. Les caprices de la nature, comme souvent la contrainte, poussent à la création. L'année précédente, à l'inverse, à cause d'une panne d'irrigation, Jard'insolite nous a livré des courges d'une concentration hallucinante, super savoureuses... J'aime cet effet millésime, aussi présent pour les légumes que pour les vins : ceux qui ont le mieux profité de la météo cumulent souvent volume et goût.

COMMENT CONCILIEZ-VOUS LE RAPPORT ENTRE LA PRIORITÉ DU LOCAL ET L'INTÉRÊT POUR L'AILLEURS ?

Nous sommes locavores dans la volonté de ne pas chercher ailleurs ce qu'on peut trouver sur place. Mais reste quand même la fascination pour les épices, une grande appétence pour les savoir-faire d'ailleurs et certains concentrés de saveur comme le gingembre, le yuzu, les algues... Pour moi c'est plus une ouverture d'esprit pour réexplorer le quotidien, le local. Je pense que l'on peut métisser les inspirations, sans aller chercher son sel dans l'Himalaya... Pour moi, c'est beaucoup plus excitant de redécouvrir des produits traditionnels comme la graine de chanvre au délicieux goût de noisette avec une finale très végétale, et en plus si vertueuse tant sur le plan diététique qu'écologique.

On se rend compte aujourd'hui que les traditions culinaires étaient non seulement enracinées dans le local, mais aussi frappées au coin du bon sens. Ce n'est pas par hasard qu'on met de la sarriette dans les légumineuses, ça les rend plus digestes. Toutes les cultures ont associé céréales et légumineuses pour compenser la rareté des protéines animales. Il faudrait plusieurs vies pour explorer tout cela. Le développement durable requestionne aussi nos pratiques. J'ai lu une brève sur les *low tech* qui présentait le garde-manger comme le frigo *new age* sans électricité ! On redécouvre les modes de conservation d'autrefois des aliments. Par exemple les tomates se conservent beaucoup mieux à l'air libre, bien ventilées, qu'au frigo, elles gardent ainsi toute leur saveur.

QUE SERAIT VOTRE BALADE GOURMANDE DANS LA RÉGION ?

Tous les noms que je pourrais vous citer sont dans les portraits de votre livre... Je dirai d'abord que c'est un luxe inouï d'avoir une ferme en bio, la Fayaudrie, dans mon village. Nous sommes livrés en lait par berthes de 5 litres, ce qui évite les bouteilles ou le recyclage de plastique. Ils font de l'élevage, des fromages. Ils n'ont plus rien à prouver mais ils sont exemplaires et généreux. Ils accueillent des jeunes producteurs dans leur boutique, c'est un vrai lieu d'éducation populaire.

Dans un hôtel de charme, logé dans une bâtisse du 18e siècle rénovée par Jean-Philippe Gautier - un architecte au goût très sûr, de retour sur les terres de son enfance, le restaurant Les Orangeries fait la part belle aux légumes bios avec son potager certifié par Ecocert depuis 2008.

Une grande complicité nouée avec les producteurs locaux permet à Olivia Gautier d'offrir au fil des saisons le meilleur des fermes et des maraîchages du territoire en agriculture durable, et le plus souvent bio. Cette approche locavore est complétée par une riche sélection de thés et cafés bio équitables, une carte de vins naturels et des fromages fermiers.

Ouvert en 1999, l'hôtel est le premier à avoir reçu en France l'Écolabel européen en 2006 ; les Orangeries a ensuite été élu en 2014 Restaurant Responsable par la prestigieuse association britannique SRA (*Sustainable Restaurant Association*).

LES ORANGERIES
Olivia Gautier
12, avenue du docteur Dupont
86320 LUSSAC-LES-CHÂTEAUX
05 49 84 07 07
orangeries@wanadoo.fr

Je pense aussi à David, le boulanger de Valdivienne, qui fait des pains excellents. Son fournil est magique, un endroit à visiter, dans un petit village perdu en bord de Vienne. Une petite échelle monte au grenier et le four en fonte du XIXe est, je pense, classé aux monuments historiques.

Un lieu qui nous a beaucoup nourris, c'est le Jardin des possibles de Nicole Seiler à Persac. Un extraordinaire jardin comestible, herbes et fleurs, pour lequel d'ailleurs elle cherche actuellement un repreneur. C'était un lieu magique, inspirant, un jardin qui vibrait de santé et de vie. Il embaumait, il y avait des insectes partout et on goûtait tout. En cuisine, leurs produits, naturels, purs, subtils, donnaient des saveurs d'une richesse folle.

Et puis il y a Marie-Claire Frédéric, pas loin, dans les Deux-Sèvres, qui est spécialiste de la fermentation. Rappelons qu'à base de fermentation on a le pain, le miel, le vin, le fromage... Dans son livre *Ni cru, ni cuit*, elle explique que tout ce qui a du goût est fermenté, et que la fermentation dépend du microbiote local. D'où le goût d'un territoire... Elle m'a fait goûter un caviar d'aubergine en lacto-fermentation, qui avait une longueur en bouche étonnante. Sans énergie, en mettant juste un produit dans le sel, on le cuit. Et c'est bon pour l'organisme ! Cuisine vivante, qui pose question à l'hygiénisme d'aujourd'hui.

À propos de vin, je citerai aussi Frédéric Brochet, d'Ampelidae. Je l'ai rencontré en 1995. Il m'avait fait une salade de mâche sauvage cueillie dans son jardin... Il fabriquait ses yaourts, son pain. C'est un homme engagé, qui a une vraie passion pour son terroir. Sur ce territoire, dit-il, il y a du vin depuis la nuit des temps : ce n'est pas par hasard, on y trouve des sols extraordinaires. Il a été aussi un vrai précurseur du bio. Et dans le vin, ça fait sens.

SI VOUS DEVIEZ DÉFINIR LE GOÛT DU TERRITOIRE MONTMORILLONNAIS, QUE DIRIEZ-VOUS ?

J'évoquerais une certaine simplicité, ce n'est pas un territoire sophistiqué. On y rencontre une vraie naturalité. Et un amour fou, quand même, de tous ceux qui travaillent, pour ces sujets. C'est vrai qu'objectivement il faut être un peu fou pour faire ces métiers. Mais ils sont riches d'émotion.

Le Montmorillonnais, accueillant dès la préhistoire, n'est pas le pays de Cocagne, mais c'est un pays à habiter. Il y a de l'eau, un climat assez propice. Et j'y ai mangé les meilleurs légumes de ma vie. Quant au chèvre, il est particulièrement délicieux ici !

© Julien Lecomte-Elka

entretien avec…

ALBAN GALPIN

Restaurant Le Lucullus à Montmorillon

QUEL A ÉTÉ VOTRE PARCOURS JUSQU'AU LUCULLUS ?

En 2010, je suis rentré du Cameroun pour reprendre cette affaire qui devait fermer, que mon père m'avait signalée. Un sacré pari. On est arrivés le 12 décembre et on a signé le 24, sans avoir visité ! On passait d'un coup de 40° à 3°… Je dois dire qu'on a été très bien accueillis. Les gens voulaient garder leur hôtel-restaurant à Montmorillon ! Lequel a d'ailleurs une dimension historique : l'un de mes prédécesseurs, Jean Mercier (avec son fils Louis) a été, dans les années 70, le premier étoilé de la Vienne. Plusieurs années plus tard, encore gamin, je bossais chez mes parents à Poitiers, au restaurant L'Orée des bois. Eh oui ! Je représente la quatrième génération de chefs, on a ça dans le sang… J'ai fait mon apprentissage à Saint-Malo. Meilleur apprenti de Bretagne en BP, j'ai obtenu un brevet de maîtrise et je suis parti travailler à Paris, à la Maison du Danemark, sur les Champs-Élysées. J'ai aussi été second de cuisine au Cercle national des armées. En 2002, on s'est installés avec ma femme à Douala, au Cameroun, à l'enseigne de L'Ovalie… Belle expérience de presque dix ans. Nous sommes rentrés en France pour les enfants. L'expatriation a un côté irréel qui ne correspond pas à la vraie vie. Jusqu'à présent le pari a été tenu. Bon, là, on vit une crise qui va être compliquée à surmonter, mais notre territoire est relativement protégé, et la clientèle fidèle.

À LA LUMIÈRE DE CETTE EXPÉRIENCE, PENSEZ-VOUS QUE LE GOÛT ET LES SAVEURS S'APPRENNENT, S'ÉDUQUENT ?

Oui, ça s'éduque. Vous savez, la nourriture, c'est compliqué. Mes enfants aiment bien McDo. Au Lucullus, on présente un menu enfant, le même que celui proposé aux adultes, en plus petit. Eh bien parfois on se fait engueuler : « Comment ? Vous n'avez pas de poulet frites ? » Le but, c'est de faire goûter les choses aux enfants, avec une juste cuisson, en soignant l'attrait, des plats bien présentés, jolis à voir…

Il y a des restaurateurs qui ne veulent pas de gosses à table. Oui, mais comment tu veux avoir de futurs clients si tu ne les formes pas, si tu ne les habitues pas à aller au restaurant ?

C'est une éducation à faire aussi dans les familles. Il faut juste prendre le temps. Si maman - ou papa - a le temps de cuisiner un peu, les gamins sont habitués à manger des choses sympa chez eux. Du coup, ils viennent découvrir au restaurant ce que maman et papa n'ont pas l'habitude de faire. Et puis, c'est de leur génération, ils vont être hamburger... Mais on peut manger un burger dégueulasse d'une enseigne de fast-food et en faire un très bon soi-même. Je dirais même qu'il faut qu'ils goûtent, excusez le terme, la merde, pour avoir une échelle de comparaison, c'est comme pour les légumes et pour beaucoup d'autres choses. Ils doivent percevoir la différence entre un plat préparé et quelque chose de bien fait, sans qu'on y ait mis forcément beaucoup d'argent.

VOUS ÊTES SOLLICITÉ À L'EXTÉRIEUR, DANS LES ÉCOLES PAR EXEMPLE ?

Pour la Semaine du goût, on va à l'école Saint-Martial ; on fait aussi des animations lors de Jardin Passion : c'est en montrant ce qu'on sait faire qu'on fait évoluer les gens. Je suis au bureau national des Maîtres Restaurateurs, une association qui donne un label aux établissements où au moins 80% de la cuisine est faite maison. On se bat pour ces valeurs. Pour que les gens fassent la différence entre un plat congelé chauffé au micro et l'assiette préparée par quelqu'un qui a bossé en cuisine, ce n'est pas la même chose.

COMMENT CRÉER DU LIEN ENTRE VOTRE CUISINE, VOTRE MANIÈRE DE CONCEVOIR LA CUISINE ET LE TERRITOIRE ?

C'est d'abord une relation humaine. Avec un fournisseur, il faut qu'il y ait une envie de travailler des deux côtés, et un respect du travail de l'autre. Mon maraîcher avait peur de travailler avec moi, parce qu'ici on fait quand même un peu de volume. Je lui ai dit : tu me fais ce que tu veux, je me débrouille. Je l'appelle le dimanche, le mardi il me livre et je fais avec ce qu'il a, je m'adapte. Il apprécie, je crois, de n'être pas dénaturé, je ne l'ai pas pris pour une épicerie. Coiffard, pour la viande, c'est pareil, il ne peut pas me fournir huit filets de bœuf, alors on travaille sur le pavé de bœuf ! Mais lui aussi s'est adapté à moi. C'est un effort des deux côtés. Tout le monde doit s'en sortir financièrement. Pour ça, il faut comprendre le métier de l'autre. En apprentissage, on doit emmener les jeunes voir toute la chaîne des métiers de bouche, voir où mangent les vaches, comment on récolte, ceux qui épluchent, qui lavent, pour comprendre comment tout ça fonctionne. C'est un écosystème, il faut rechercher un équilibre.

C'est une évolution qu'il faut accélérer, il faut qu'elle se traduise par une sorte d'émulsion collective, née d'interactions de plus en plus grandes et permanentes entre les réalités quotidiennes du cuisinier et les producteurs de viandes et de légumes.

COMMENT, POUR VOUS, CONCILIER LE LOCAL ET L'AILLEURS ?

Moi, à l'origine, je suis un cuisinier de mer. Ici, je vais associer des produits de la mer avec des produits de la terre, ce qui permet d'avoir une vision différente des ressources du Montmorillonnais. J'aime transformer à partir des bases locales. J'ai fait la même chose au Cameroun. C'est mon style de cuisine, ma sensibilité propre. On m'a demandé, pour un livre, des recettes de macaron. J'ai réalisé un macaron salé que j'ai servi avec un bar et une sauce vierge. Et dans l'esprit anti-gaspi, avec les vieux macarons qu'on a oubliés dans le placard, j'ai fait un crumble. Je n'ai pas la prétention de créer. Je pense que cuisiner, c'est juxtaposer des savoirs en y introduisant son identité.

QUELLE SERAIT VOTRE BALADE GOURMANDE DANS LE MONTMORILLONNAIS ?

D'abord mes fournisseurs ! Si j'existe, c'est grâce à eux aussi... Domaine Coiffard, pour la viande de bœuf, dans le Sud-Vienne, Rérolle pour le fromage, les Barbarin pour le miel, Jean Charry, le maraîcher bio d'Adriers. Le Nomade des jardins aussi, qui fait des escargots poitevins. Tous ces producteurs sont des personnages...

ENFIN, SI VOUS DEVIEZ DÉFINIR EN QUELQUES MOTS LE GOÛT DU MONTMORILLONNAIS ?

Le goût est en rapport avec le paysage. Le paysage du Sud-Vienne est très vallonné, et offre des séductions variées. Vous avez un côté colline, ça monte, ça descend ; un côté rivière, du très vert, des zones d'élevage, de maraîchage, qui produisent plein de décors différents, changeant en fonction de la lumière. La richesse ici, c'est la diversité, des paysages mais aussi des gens. Les Anglais, par exemple, sont très présents. Ils ont une culture culinaire qui se distingue de la nôtre. On s'adapte les uns aux autres ; on y gagne tous.

© Julien Lecomte-Elka

La belle table du Lucullus excelle dans un territoire où la gastronomie peut s'appuyer sur des éleveurs et des maraîchers locaux passionnés. À Montmorillon, Alban Galpin met son talent et son expérience au service d'une cuisine élégante et inventive qui s'inspire d'ici et d'ailleurs, et s'élabore toujours à partir de produits minutieusement sélectionnés pour leur qualité.

Les assiettes délicates sont servies dans un cadre chic et contemporain, et se déclinent autour de plusieurs menus (terroir, dégustation ou végétarien), tous guidés par un savoureux mélange d'originalité et d'authenticité.

L'établissement offre aussi un bistrot pour un service rapide, toujours à base de produits frais de qualité, avec un menu qui change tous les jours et une carte renouvelée toutes les semaines.

RESTAURANT LE LUCULLUS
4, bd de Strasbourg
86500 MONTMORILLON
05 49 84 09 09
www.hoteldefrance-lelucullus.fr

+ EN VIDÉO

zoom sur...

LA RSE DANS LA RESTAURATION

Alban Galpin est engagé depuis plusieurs années dans des pratiques vertueuses, où la responsabilité sociale de l'entreprise (RSE) est forte. Il estime que la RSE sera la nouvelle manière de noter les restaurants dans les futures années, en tenant compte de l'attention portée aux approvisionnements (aliments de proximité et de saison, etc.) ; de la volonté de nourrir les clients plutôt que les poubelles, en particulier avec des recettes anti-gaspi ; du développement d'une conscience partagée de ces enjeux au sein des équipes de travail, mais aussi auprès des consommateurs, via des actions de formation et de pédagogie...

Au Lucullus, cela se traduit, par exemple, par un mode innovant de recyclage des déchets, en lien avec le SIMER, le Syndicat interdépartemental mixte pour l'équipement rural, très investi dans des projets d'économie circulaire et d'écologie industrielle et territoriale. Outre la fourniture de gourmet bags qui permettent aux clients du restaurant de partir avec ce qu'ils n'ont pas mangé, le SIMER a aussi organisé sur le marché de Montmorillon, avec l'aide d'Alban Galpin et en récupérant les légumes « moches » ou certains invendus, la préparation de soupes pédagogiques offertes à la population locale afin de contribuer à l'éducation contre le gaspillage alimentaire.

© Mila Weissweiler

PÂTISSERIE DESROSES

Le goût de l'authentique

La plus ancienne pâtisserie de Montmorillon a successivement accueilli, au 12 Grand-Rue depuis le milieu du XIXe siècle, des générations de confiseurs et « macaroniers » : les Marthineau (1847-1887), les Émereau (1888-1907), les Dupain (1908-1919), les Carré (1919-1960), les Bodin (1961-1970), Michel Dacier (1970-1979) Michel Guillemard (1979-2005), enfin, Bruno et Karine Desroses, actuels propriétaires.

Ces derniers sont tous les deux originaires de la Vienne, même s'ils ont d'abord travaillé en région parisienne. Elle, originaire de Ligugé, a suivi son mari après avoir obtenu sa maîtrise d'histoire contemporaine à l'université de Poitiers. Enseignante pendant trois ans, elle s'est ensuite occupée de rénovation urbaine à la mairie de Drancy. Lui, s'est formé à la boulangerie (CAP), puis à la pâtisserie et à la chocolaterie pendant sept années d'apprentissage et d'expérience. Fort d'un Brevet de maîtrise combinant ces différentes disciplines, et d'une formation de confiseur-glacier-traiteur, il dirige bientôt une équipe de 25 pâtissiers au sein d'une entreprise de traiteur événementiel. Bruno Desroses conçoit alors, pendant une quinzaine d'années, des desserts servis aux passagers du Concorde ou de jets privés, ou à la table de grandes institutions françaises.

Son projet de toujours demeure cependant d'être à son compte. L'enfant de Montmorillon rachète finalement, en 2005, au cœur de sa commune d'origine, une pâtisserie historique, la maison Guillemard, déjà bien imprégnée des parfums du cacao et de l'amande depuis plusieurs générations. Ce lieu a en effet toujours été associé à l'histoire des macarons, les délicieuses friandises produites depuis des siècles à Montmorillon, comme l'attestent les registres de la Maison-Dieu déjà en 1673 : « *Deux douzaines de macarons pris du mois d'août pour trois livres douze sols* ».

L'origine du macaron est à rechercher dans les couvents et institutions religieuses qui aimaient unir les saveurs précieuses du sucre et de l'amande. La tradition orale prétend qu'ici ce serait le frère Roger Girard, confesseur de Catherine de Médicis et prieur à la Maison-Dieu, qui serait à l'origine de leur arrivée dans la Vienne... La réputation de ces petits gâteaux n'a ensuite pas cessé de grandir au fil des ans, puisque des bottins commerciaux font référence en 1811 aux « *biscuits et macarons renommés* » dont s'enorgueillissait déjà la cité posée sur les rives de la Gartempe. Dès le milieu de l'avant-dernier siècle, les livres de commande et les facturiers de l'actuelle pâtisserie Desroses mentionnent la fabrication de macarons et autres douceurs dans ce lieu alors nommé « Aux gourmandises ».

© GCom

Même s'il n'est plus inscrit à l'enseigne de son commerce, Bruno Desroses continue d'honorer ce nom ancien, tant les pâtisseries qu'il propose ont un goût d'enfance et d'authenticité. Tous les gâteaux sont intégralement faits maison : chez les Desroses, hors de question d'imaginer un baba au rhum dont la pâte n'aurait pas été – comme trop souvent - fabriquée sur place ! Les classiques indémodables de la pâtisserie française s'exposent dans la vitrine, et il suffit de déguster un éclair au chocolat pour être convaincu de l'excellence du lieu.

Aujourd'hui, Karine et Bruno Desroses pensent toujours autant que le goût de leur territoire est associé à la culture des amandes (récoltées dans la péninsule ibérique, au Maghreb ou en Californie) dont il faut perpétuer la tradition et les savoir-faire.

« *Les Montmorillonnais sont fiers de leurs macarons, qu'ils aiment partager avec leurs invités et leurs proches* ». Cette gourmandise associée au nom de la commune bien au-delà des limites du département et de la région, est un atout au moment où de plus en plus de personnes sont en quête de saveurs véritables et aspirent à manger local, « bon, propre et juste » pour reprendre le leitmotiv de l'organisation Slow food international.

PÂTISSERIE-CHOCOLATERIE DESROSES

Bruno Desroses
12 Grand-Rue 86500 MONTMORILLON
05 49 91 00 75
desroses.bruno@orange.fr
www.patisserie-chocolaterie-desroses.fr

+ EN VIDÉO

MAISON RANNOU-MÉTIVIER

Un siècle de saveurs gourmandes

Si le « macaron » est cité dès 1552 dans *Le Quart Livre* de Rabelais, cette gourmandise, dont plusieurs villes de France ont fait leur spécialité (de Nancy à Saint-Jean-de-Luz, en passant par Saint-Émilion en Gironde et, bien sûr, Montmorillon dans la Vienne !) garde une origine un peu mystérieuse, même si quelques indices orientent vers l'Italie, Venise et la Méditerranée orientale, voire le Proche-Orient où l'amandier était déjà cultivé il y a 4000 à 5000 ans.

À Montmorillon, ces petits gâteaux ont été fabriqués par des générations de pâtissiers et proposés dans plusieurs points de vente, certains désormais disparus, comme l'ancienne boutique du 44 boulevard de Strasbourg où a officié Robert Cuzol, mémoire de l'histoire de la commune.

Deux boutiques sont toujours là, celle du 12 Grand-Rue et la maison familiale Rannou-Métivier. Cette dernière perpétue au 32 boulevard de Strasbourg, depuis cinq générations, un savoir-faire traditionnel qui lui a valu d'être l'une des premières entreprises agroalimentaires françaises à recevoir le label « Entreprise du patrimoine vivant » au début des années 2000.

L'histoire commence avec Marie Métivier (née Bugeaud en 1864), pâtissière émérite, figure tutélaire de l'institution gourmande, qui élabore il y a un siècle un gâteau à la crème d'amande, le *Bonne Mémé*, une spécialité qui rappelle encore aujourd'hui « cette grande dame, artiste de la pâtisserie ». D'abord employée des sœurs Chartier qui fabriquaient des macarons à la fin du XIXe siècle, Marie Métivier poursuit seule l'exploitation de la biscuiterie jusqu'en 1920 et l'arrivée d'une nouvelle génération. En effet, sa fille unique Madeleine au prénom prédestiné épouse en avril 1920 un certain Fernand Rannou. Ainsi naîtront Rannou-Métivier et ses célèbres macarons.

Marie Métivier et ses arrière-petits-enfants, Brigitte et Patrick Bertrand, en 1952.

RANNOU
ANS

NOUGATINE
MENTHE
THÉ
CAFÉ
ORANGE
GRENADE
MADAGASCAR

Bonne Mémé
RANNOU MÉTIVIER

MÉTIVIER

Après trois générations de transmission par les femmes, c'est le petit-fils de Madeleine, Patrick Bertrand, qui reprend le flambeau au début des années 70, en ajoutant une nouvelle compétence gourmande, le chocolat, à ce fleuron de la confiserie locale. Formé au sein de la prestigieuse école suisse Coba et auprès de chocolatiers de renom, il devient un « défenseur acharné d'une école française du chocolat », avec un chocolat moins gras que les productions belges ou suisses. Il est vite reconnu comme l'un des meilleurs chocolatiers de France, sélectionné par le réputé Club des Croqueurs de Chocolat. Passionné de musique classique et inspiré par l'Italie comme son épouse Françoise, Patrick Bertrand associe son entreprise à la culture: ouverture d'un musée de l'Amande et du Macaron en 2003 ; soin porté à l'esthétique des coffrets de chocolats comme à l'aménagement des boutiques à Poitiers et dans d'autres communes ; soutien à des associations et festivals d'art lyrique...

Depuis 2010, les trois fils du couple (Yann, Lionel et Fabrice) et leurs compagnes, écrivent une nouvelle page de l'histoire de la maison, avec des engagements éthiques et environnementaux renouvelés. Au sein de la Confédération des Chocolatiers de France, Yann Bertrand s'implique dans la mise en place du label « Chocolatiers engagés » qui vise à assurer une meilleure traçabilité de la filière cacao et garantit un prix minimum aux producteurs, en échange du respect d'un cahier des charges « qualité » consolidé.

L'esprit d'innovation demeure : dès 2024 ou 2025, la maison Rannou-Métivier devrait produire ses propres amandes bio, cultivées au Maroc dans l'esprit de la permaculture, sur un terrain de 83 hectares situé dans le Moyen-Atlas et désormais planté d'amandiers. Des ruches y seront installées afin de favoriser la pollinisation et fournir en miel les ateliers confiseurs montmorillonnais. Déjà adepte des produits locaux dans l'approvisionnement de ses matières premières (beurre, œufs,...), Rannou-Métivier va ainsi accroître son autonomie et réduire son impact environnemental en privilégiant les circuits courts.

POUR EN SAVOIR PLUS
Le macaron de Montmorillon / 100 ans de gourmandises du Poitou par Rannou-Métivier, livre de Laurent Vaultier, Flammarion, 2020.

RANNOU-MÉTIVIER
32 bd de Strasbourg 86500 Montmorillon
05 49 83 03 30
7 autres boutiques à Poitiers centre-ville, centres commerciaux de Poitiers-Sud et Poitiers Grand Large, Châtellerault, Saint-Julien-L'Ars et sous les Halles de Tours
www.rannou-metivier.com

+ EN VIDÉO

Roc d'enfer à Lathus © Momentum Productions Mickaël Planes

DENIS MONTEBELLO

Un écrivain gourmand en promenade

sans arrêt

Mon existence papillonnante ne serait pas faite de beaucoup d'excès. Je me contenterais de battre la campagne, entre Vienne et Gartempe, de battre les feuilles avec mes pieds. Je laisserais agir les épines sur le dos des jambes, les récepteurs, les organes qui sentent les sucres me diraient où atterrir, sur quelles plantes. Je marcherais sur ma nourriture. Les jus libérés me diraient si c'est la bonne correspondance, si je peux pondre mes œufs. La conclusion littéraire et gourmande qui, arrivé à La Trimouille, aux *Rives de la Benaize* aujourd'hui fermées, ouvrirait comme il faut l'appétit.

Si j'avais, comme les papillons, des récepteurs gustatifs sur mes pieds pour m'aider à trouver mes plantes hôtes et à localiser les aliments, je commencerais par là. Par ajoncs et genêts. Par écouter Samuel Arlaud. Il parlerait des brandes. Une terre de mission pour les curés. Où ils installèrent des migrants vendéens ou du nord Deux-Sèvres, leurs pauvres dans les années 50 et dans ces terres qui appartenaient à de grands propriétaires. Nous le suivrions dans ses explications. Jean-Luc Terradillos, Marc Deneyer et moi. Nous verrions défiler comme dans un film Persac et la Grande Blourde. Dont les bords sont occupés par des chaos granitiques qui rappelleraient, si nous le connaissions, le site du roc d'Enfer sur la Gartempe. Qui montrent d'abord, à ceux qui découvrent cette petite vallée, la transition géologique entre le socle granitique et le socle calcaire. La transition entre langue d'oïl et langue d'oc est moins visible, disons que la frontière n'en finit pas de bouger. L'occitan dans son recul a laissé une *Jarrige* qui est de la garrigue la version limousine, un vestige qui nous fera oublier les *Chirons* : les tuiles à rebord, les morceaux de sigillée qu'il y aurait à glaner. Mais il y a d'autres choses à se mettre sous la dent : d'autres *viandes*. Après Quéaux, Moussac, c'est, dominant la vallée de la Vienne, le château de la Messelière. On vous le livre avec ses fantômes. On vous sert le paysage sur un plateau. Sur *Mont'Plateau*. Il y a toutes sortes de fromages. La ferme des Rérolle ne se trouvant dans aucune zone d'appellation, Emmanuel et Mélina peuvent se permettre une grande variété : pyramides, bûches, crottins, chabis, fromagées, palets, dés apéritifs frais, nature ou aux fines herbes, et même des crèmes glacées artisanales. Et de jolies créations : le Liglet cendré, le camembique.

Cela comme une leçon. Une leçon de liberté. Une invitation à faire de même avec la vigne abandonnée, les rares limousines, et avec les lieux-dits. Ils sont tout ce qui reste du paysage, mais on n'a plus le temps de lire. On ne s'en donne plus la peine. Nous les écouterions, nous les comprendrions de travers. Nous les interpréterions à notre manière. Qui est celle des enfants quand ils entendent parler les grands. Quand ils découvrent des mots dont ils ignorent la signification. Dont ils inventent le sens. En rapprochant l'inconnu du connu, en jouant avec les sons. Nous pourrions les imiter. Explorer avec eux l'autre versant du langage. Celui du rêve : de la poésie.

Mais nous avons rendez-vous. Dans cet atelier de découpe, juste après *tête-de-bois* (sculptures, meubles : objets uniques). Pascal Baudoin nous attend. Je note que de la bière de Montmorillon que nous servait, bien fraîche, Jean-Richard Bloch dans ses *Locomotives*, il reste la drèche. Ces résidus de brassage de l'orge concassé, riches en protéines, Pascal Baudoin les mêle à de la drèche de blé issue des biocarburants (sur 3 kilos de blés traités, on récupère 1 kilo de drèche). Il a ainsi trouvé une alternative au soja industriel, souvent brésilien, pour enrichir la nourriture de ses animaux. Et nourrir notre texte.

Il me revient qu'à Lussac-les-Châteaux où nous mangeons avec Sylviane Sambor, Léon Pineau a récupéré, comme Perrault en son temps, d'autres résidus, ceux de la tradition orale et que de cette drèche il a fait des contes, ses *Contes populaires du Poitou*[1] écrits dans un français aussi proche que possible du patois.

C'est un modèle pour moi. Quand j'écris sur le macaron de Montmorillon, c'est ce que je m'efforce de faire. Rester au plus près du vivant. Faire durer le plaisir. Au besoin l'*appeler*. Par son nom. Peu importe qu'il s'agisse d'un lieu-dit. Que plus personne ne dit. Et qui ne parle plus. On fera comme les enfants avec les mots qu'ils entendent pour la première fois. Qu'ils reçoivent comme autant de noms propres. Des signes vides. On les remotivera. On fera qu'ils transportent à nouveau, qu'ils fassent voyager. Comme cette *Anatolie* rencontrée sur la route. Vers la fin. Une fin qui n'arrivera heureusement jamais.

Je cherche, c'est mon but, des mots qui ne posent pas, qui n'en imposent pas, comme à L'Isle-Jourdain ce viaduc devant lequel il faut s'arrêter. Pour une photo, pour ceux qui aiment les cartes postales. Pour un saut à l'élastique, si l'on préfère le vertige.

Ce que je veux, c'est ne pas m'arrêter.

---

1. Parus en 1891, ces contes classiques de la tradition populaire ont été patiemment recueillis par Léon Pineau (né en 1861) du côté de Lussac-les-Châteaux au moment où ils étaient encore vivants dans la mémoire de leurs derniers locuteurs.

Ou alors, comme Cees Nooteboom quand il descend d'Amsterdam vers Minorque, et qu'il fait étape dans le Poitou. À Montmorillon, pour manger. Dans un bon restaurant. C'est ce qu'il raconte dans *Pluie rouge* (Actes Sud, 2008). Comment il opta pour cette « fressure d'agneau » que proposait la carte. Quelle découverte ce fut.

J'ai le plus grand respect pour les végétariens, mais non pour les gens qui jettent la moitié des bêtes, pour ne manger que ce qui ne leur inspire ni remords, ni dégoût. Moi, je ne m'encombre pas de tous ces sentiments, je communique avec l'animal tout entier, et pas seulement avec la partie sur laquelle il s'assoit, quand il s'assoit. Cela inclut donc aussi les abats, les poumons, le cœur, et tout ce qui siège aux alentours. Le même progrès qui a insufflé aux gens la crainte de tout ce qui se rapporte à la mort a également réussi à cacher hypocritement les parties des animaux qui, durant des siècles, ont constitué l'essence même de la cuisine. On ne les trouvera plus sur aucun marché européen, mais il suffit d'avoir un peu voyagé dans ce qu'on appelle le tiers monde pour savoir que, là-bas, on continue à honorer la bête tout entière. De grosses têtes de bœuf vous fixent aimablement, la paroi ondulée des panses brille à côté des oreilles rosées, les poumons luisent de l'éclat satiné des jeunes roses, en un mot la matière se révèle dans l'inépuisable multiplicité qui a inspiré depuis des siècles la cuisine populaire dans toutes les parties du monde.

Cees Nooteboom, *Pluie rouge*,
cité par Jean-Luc Terradillos
dans *L'Actualité Poitou-Charentes* n°83, 2009

le point de vue de...

DENIS MONTEBELLO ET MARC DENEYER

Le Macaron de Montmorillon

De Montmorillon je ne connaissais que la bière. Celle que vous sert, bien fraîche, Jean-Richard Bloch dans *Les chasses de Renaut*.

On s'installe volontiers dans ses *Locomotives*, on se laisse emporter par sa prose.

On a plus de mal à faire entrer le macaron dans un poème (n'est pas Charles Monselet qui veut !), dans un sonnet ce serait même, vous susurre votre mauvaise foi, ajouter le burlesque au burlesque.

J'oublierai donc, ici, les terminaisons latines dont on parait jadis les mots vulgaires, pour regarder vers la Grèce, d'où provient, semble-t-il, ce macaron.

J'ignore de quelle cérémonie funéraire il procède, de quel banquet funèbre ; ce que je sais, c'est que le macaron fait de moi quand je le mange, que je le dis ou l'écris, un bienheureux.

C'est une invitation au voyage, à voyager de La Rochelle en Italie, en passant par la Lorraine – et Le Lorrain.

Je suis en effet Claude Gellée jusqu'à Rome, où, selon son biographe, il entre comme apprenti chez un pâtissier.

Sans quitter mon port, je m'embarque avec sainte Paule, sainte Ursule ou la reine de Saba, et, après avoir essuyé quelques *tempêtes*, j'arrive avec Enée dans le Latium.

Je chevauche, et du grand pré que bientôt je découvre, que je vois comme en extase, je me demande s'il est ce qu'était Rome avant Rome, ou bien ce qu'elle sera, ce *Campo Vaccino* que tant de peintres après lui viendront paître.

Oui, le macaron me fait voyager : il me fait remonter le temps. Je retourne à la Lorraine, où je suis né. A Nancy, où j'ai vécu et où le macaron, le *véritable* macaron, celui des *sœurs macaron*, est dans toutes les bonnes vitrines. Il attend le client. Sagement. Mais si l'image se veut pieuse, je crois le macaron plus près de la bergamote que du pain d'anis, en tout cas moins dur et moins austère. Ses formes pleines, généreuses, parfaites, que souligne involontairement cette appellation redondante, évoquent davantage une pâtisserie exposée là en voisine, la fameuse madeleine de Commercy. Le macaron, c'est ma petite madeleine à moi, mon temps retrouvé, et l'Italie. Car je suis, comme on dit, un macaroni.

C'est là mon origine. L'origine du malentendu. On a pris goût aux mots. On les aime ronds, les mots, tendres et moelleux. Remettre les mots dans la bouche, c'est, pense-t-on, remonter à la source, à Rome. Qui est l'amour quand il se regarde dans le miroir. Et aussi bien la mort, quand elle ne veut pas se voir.

Ce que je dis là n'est pas original. Quand on parle du macaron, on n'est jamais original. Qu'il soit de Nancy ou de Montmorillon, des *sœurs macaron* ou de chez Rannou-Métivier – on les trouve à Poitiers, 13 bis rue des Cordeliers[1] –, on est toujours dans la copie. Et l'on préfère la copie à l'original, le nombre à l'unité. *Thirty are better than one*, proclamait, fidèle à son esthétique de la répétition, Andy Warhol. Il avait raison. À une Mona Lisa je préfère, je le confesse, vingt-quatre ou trente-six macarons (ils vont par douze, comme les apôtres) : ces petits gâteaux à base d'amande, de sucre et de blanc d'oeuf, me rendent plus heureux que le sourire de la Joconde.

© Marc Deneyer

Extrait de ***Fouaces et viandes célestes,*** Éditions Le Temps qu'il fait

1. Et à Montmorillon, 32 boulevard de Strasbourg !

© Guillaume d'Alibert

ODETTE ET ROBERT DE JONGHE

Les festins de Babette

Celui qui s'occupe depuis 15 ans de la librairie Le Festin de Babette, à Montmorillon, a déjà vécu plusieurs vies d'un même appétit gourmand ! Grand voyageur (de l'Iran au Pérou en passant par l'Afrique noire, le Mexique et d'autres contrées), Robert de Jonghe est un épicurien à l'humour délicieusement belge, avec cette pointe de dérision parfois décapante propre à nos cousins d'outre-Quiévrain.

Son intérêt pour la nourriture se manifeste dès l'âge de 15 ans, lors d'un petit boulot de vacances au marché aux poissons à Bruxelles : c'est dans une brasserie de fruits de mer, où il s'active en cuisine puis en salle, qu'il découvre les métiers de bouche. C'est aussi l'époque où il commence à acheter et revendre des livres...

DES CANARDS ET DES LIVRES

Après avoir été aubergistes dans un village de 400 habitants près de Namur, Robert de Jonghe et sa compagne Odette, comme lui psychologue de formation, envisagent de créer une table d'hôtes en proposant une carte organisée autour de la déclinaison d'une seule spécialité : canard & foie gras - dans un pays qui n'en produisait alors pas du tout. Ils vont donc dans le Gers apprendre à élever, gaver et cuisiner les fameux palmipèdes. La singularité de cette démarche suscite la curiosité de quelques journalistes. Alors qu'ils n'ont pas encore préparé leurs premiers foies, magrets ou confits, Odette et Robert doivent faire face à un emballement médiatique inattendu, bien avant la viralité des réseaux sociaux : ce couple de psychologues reconvertis dans le foie gras enthousiasme plusieurs médias, qui n'hésitent pas à titrer que la France n'a plus qu'à bien se tenir, et qu'elle a intérêt à protéger son patrimoine de l'Alsace à l'Aquitaine ! Une joyeuse histoire belge au pays du surréalisme le plus fantaisiste... Deux jours après, le beau-frère d'un grand chef (trois étoiles au Michelin) réserve en quantité des produits qui n'existent pas encore, et les commandes se mettent à pleuvoir ! Robert et Odette renoncent à ouvrir leur table d'hôtes et concentrent leur énergie sur les canards. Ainsi commence en 1985 une aventure, au cours de laquelle ils devront - au fil de seize années - intégrer les nouvelles normes de l'UE sur l'installation des ateliers, les conditions d'abattage ou d'exportation, etc. L'entreprise fera travailler jusqu'à dix personnes, en ne proposant à la vente que des produits frais.

Mais durant cette période, Robert n'a pas oublié son autre passion - les livres -, éveillée par un professeur de littérature francophone, véritable encyclopédie vivante, qui lui a instillé dès l'adolescence l'amour des bibliothèques. À partir de 1989, alors qu'il fabrique déjà ses foies et confits, il installe un stock d'ouvrages dans une épicerie de village, et consacre quelques heures par semaine à ce commerce. Il le déménagera bientôt dans les 280 m² d'une ancienne menuiserie qui abriteront jusqu'à 55 000 volumes.

BIFURCATION HEUREUSE À MONTMORILLON

Après un drame personnel et la vente de l'entreprise de canard et foie gras en 2001, Odette et Robert commencent à sillonner la Belgique et la France avec des livres d'occasion proposés sur des salons et dans diverses manifestations. Ils ont un coup de foudre pour Montmorillon et s'y installent en 2006. Ils décident d'y créer une « bouquinerie culinaire » spécialisée dans les livres de cuisine ou en lien avec les vins et le tabac : Le Festin de Babette.

Au fil de rencontres avec de grands collectionneurs ou bibliophiles - comme Gérard Oberlé, ami de Régine Desforges -, Robert de Jonghe devient l'un des meilleurs spécialistes de la littérature gastronomique et œnologique, avec un fonds d'ouvrages de 12 000 à 13 000 volumes, soit l'un des plus - sinon le plus - importants de France. Aujourd'hui, l'essentiel de ses ventes passe par Internet et un réseau de clients français ou étrangers, tandis que sa boutique de la Cité de l'écrit offre au public une sélection d'ouvrages plus généralistes.

UN NOUVEAU LIEU POUR CULTIVER GOURMANDISE ET CONVIVIALITÉ

En 2021, Odette et Robert continuent de rêver en prolongeant Le Festin de Babette, dans une ancienne pizzeria voisine : ainsi est né Le Temps d'un été, où habitants de la commune et touristes peuvent se poser, passer un moment en buvant un thé ou un café, échanger, déguster quelques produits avec un verre de vin, refaire le monde... Les livres de cuisine constituent une bonne partie du décor, ils peuvent être feuilletés et achetés. Ce n'est en fait ni une librairie, ni un restaurant, ni un café avec obligation de consommer, mais un lieu de rencontre où l'on peut bouquiner ou retrouver des amis... « chez Babette » ! Dans l'esprit de ces nouveaux espaces de partage et de vie qui fleurissent un peu partout, en milieu rural ou urbain, Le Temps d'un été espère accueillir au fil des mois des initiatives complémentaires : animations avec des vignerons, et des passionnés - qui pourraient y cuisiner par intermittence ; petites manifestations culturelles, etc.

Et si la renaissance du vieux et pittoresque quartier du Brouard s'inventait demain au croisement de ces aspirations d'aujourd'hui qui mêlent alimentation et culture, quête de sens, choix de la relation *versus* consommation, nouvel art de vivre plus respectueux du temps humain, volonté de « *refaire société ensemble* » dans l'hybridation des activités et des compétences ?

Le caractère atypique du parcours d'Odette et Robert de Jonghe incite à croire aux paris audacieux : pourquoi ne pas rêver que Montmorillon devienne demain une cité des saveurs et du *slow food*, ce mouvement international né dans le Piémont italien et engagé depuis plusieurs années en faveur de la biodiversité, du patrimoine alimentaire et de l'éducation au goût ? (www.slowfood.fr). Parce que l'avenir de notre planète se joue aussi dans notre assiette, *Prenons le temps de vivre et de goûter* pourrait être le nouveau mot d'ordre fédérateur en Montmorillonnais !

En Cité de l'écrit et des métiers du livre à Montmorillon

LE FESTIN DE BABETTE
3 rue de la Poêlerie 86500 Montmorillon

LE TEMPS D'UN ÉTÉ
14 place du Vieux-Marché 86500 Montmorillon

Horaires d'ouverture sur le site : www.lefestindebabette.fr

JEAN-PHILIPPE MOREAU

Maître sommelier à Verrières

© Julien Lecomte-Elka

Nous sommes originaires de Verrières depuis plusieurs générations. Mes parents agriculteurs pratiquaient la polyculture. Ils élevaient des ovins, des vaches laitières, cultivaient des céréales, possédaient une basse-cour et un jardin. J'ai eu la chance, dans mon enfance, de ne manger que des produits locaux, frais et de saison ! Ce sont toujours les principes de ma cuisine. Les produits que j'utilise sont à 90 % régionaux.

En fait, je voulais être sportif de haut niveau mais j'ai décroché à 17 ans un petit boulot de serveur en Angleterre, dans un établissement de luxe. Moi qui n'étais presque jamais allé au restaurant (on mangeait trop bien à la maison…), je me suis retrouvé à servir en queue-de-pie des vins prestigieux ! Un choc. Heureusement, à l'étranger, on attribue couramment aux Français une compétence dans tout ce qui touche au bien-vivre, cuisine, vins, parfums ; la clientèle et le patron étaient bienveillants… J'ai beaucoup appris, en particulier avec un sommelier très brillant. Je me suis passionné pour le vin et j'ai commencé à conseiller les clients, vers le meilleur, bien sûr. J'ai fait grimper le chiffre d'affaires ! Et comme, pour un propriétaire, un bon serveur est un bon vendeur, j'ai gravi rapidement les échelons.

Mon rêve était d'apprendre le plus possible de langues étrangères ; un poste s'est offert dans un relais-château en Allemagne. À 22 ans, j'étais déjà maître sommelier dans un double-étoilé Michelin ! C'est une époque où j'ai beaucoup voyagé et fréquenté des célébrités en Europe, aux États-Unis, toujours grâce au vin, au prestige français et à mon enthousiasme !

C'est alors que mes parents m'ont signalé qu'une affaire était à reprendre à Verrières. J'avais 25 ans, je suis rentré au pays et j'ai ouvert Le Comme chez soi sous le slogan *Les saveurs originales du terroir.* Je voulais faire un restaurant à la fois simple et distingué, chaleureux et de grande qualité. Mon frère et mon beau-frère ont repris l'exploitation des parents, ils m'ont fourni en agneau du Poitou labellisé et j'ai décidé de travailler avec les producteurs de la région, en suivant le produit moi-même, de la terre à la table. Le restaurant a eu tout de suite beaucoup de succès. J'assurai le service mais j'ai observé les chefs, continué à apprendre. Et puis un jour je suis passé en cuisine, sans avoir de formation au départ mais avec un grand désir de créer, un souci gourmand des ingrédients (parfois 50 à 60 dans un même plat !). Par la suite, j'ai décidé de tout faire seul, cuisine et service. Cela fait 10 ans que le restaurant ne désemplit pas.

Une idée a mûri pendant le confinement : créer, dans le prolongement du restaurant, une cave à vins-boutique, où je présente des viticulteurs français qui ont fait de vrais choix de vinification, en bio ou en biodynamie. Pour en citer quelques-uns : le domaine Ampelidae de Frédéric Brochet dans la Vienne, Philippe Foreau du Clos Naudin à Vouvray, Nicolas Joly et sa Coulée de Serrant, le domaine Meyer en Alsace, la famille de Conti à Bergerac, Les Roches Neuves de Thierry Germain... Je prépare des soirées à thèmes, avec un menu spécial sur une région ou un produit et les vins en rapport, en présence des vignerons. Le but, c'est de faire connaître les producteurs aux clients et de passer un bon moment tous ensemble.

Mon plaisir, c'est de faire plaisir aux autres. Partager mes connaissances, mon expérience et mes émotions. Nous habitons une région, le Montmorillonnais, qui offre des produits d'une grande originalité et d'une qualité exceptionnelle, on ne le fait pas assez savoir.

RESTAURANT-CAVE LE COMME CHEZ SOI
Jean-Philippe Moreau
9, place de Coume 86410 VERRIÈRES
05 49 03 43 52
https://le-comme-chez-soi-restaurant-verrieres.eatbu.com

ECOMUSÉE DU MONTMORILLONNAIS

à Juillé • Saulgé

Musée de société qui place au cœur de son projet l'histoire des hommes et des femmes dans leurs lieux de vie, l'Écomusée du Montmorillonnais offre, sur son site de Juillé ouvert aux visiteurs à Saulgé, une découverte des liens noués au fil des temps entre l'environnement, l'agriculture et l'alimentation, de l'Antiquité au XXIe siècle.

Depuis sa création en 1987, à la demande du Syndicat intercommunal pour le développement du Montmorillonnais, l'action de cette association rayonne sur l'ensemble de la communauté de communes de Vienne et Gartempe, et participe activement à la réflexion relative au futur des espaces ruraux situés au sud-est du département. Ici, la collecte de la mémoire et l'étude du patrimoine rural ne sont pas une raison d'être tournée vers le passé, mais au contraire ce qui nourrit et éclaire l'avenir.

Dans un permanent dialogue entre les membres de l'association, les élus locaux et d'autres acteurs du Montmorillonnais, ainsi que dans un mode d'action très participatif, l'équipe salariée et les amis de l'écomusée mettent chaque année un peu plus en application les préconisations liées aux « droits culturels des personnes » inscrits depuis 2015 dans la loi NOTRe ; et cela très naturellement parce *l'humain* est au cœur de son projet.

En 2021, l'exposition temporaire *FEMMES DE LA TERRE*, conçue et présentée par l'Écomusée, a mis à l'honneur des portraits et parcours d'agricultrices. Les témoignages recueillis (en particulier dans des films visionnés sur le site de Juillé) montrent l'apport de ces femmes au monde agricole, et combien elles contribuent à dessiner l'avenir de l'alimentation en Montmorillonnais.

De Françoise Alamome expliquant son engagement en faveur de l'agriculture bio à Coulonges, au cheminement très original d'Armelle Nibeaudeau qui a quitté l'enseignement pour devenir maraîchère à Queaux, en passant par la défense du statut des femmes dans le monde agricole portée par Bénédicte Clerc à Lussac-les-Châteaux, toutes illustrent la modernité d'un monde paysan en transformation.

© Écomusée du Montmorillonnais

Aujourd'hui, cette association actrice de l'économie sociale et solidaire - qui est aussi un outil pour favoriser la cohésion territoriale et la participation des habitants à l'invention du futur entre Vienne et Gartempe - travaille activement à ce que pourrait être « l'Écomusée de demain » dans l'ancienne ferme dont elle est propriétaire à Saulgé.

En étroite coopération avec de nombreux partenaires (Office français de la biodiversité, Ligue pour la protection des oiseaux, Conservatoire des espaces naturels, lycée agricole de Montmorillon, entre autres), ainsi qu'avec les pouvoirs publics et des structures locales liées au tourisme culturel en espace rural, de nouveaux aménagements sont envisagés afin de rendre le site plus attractif dans les prochaines années. De nouvelles activités pourront ainsi y être accueillies : « laboratoire du goût et des saveurs » ; espace biodiversité ; espace de vente de produits locaux en circuits courts ; espace d'animations et de dégustations, etc.

ÉCOMUSÉE DU MONTMORILLONNAIS
Site de Juillé – lieu-dit Juillé 86500 SAULGÉ
05 49 91 02 32 ou 07 48 73 03 98
ecomusee86@laposte.net
www.ecomusee86.fr/

© Marc Deneyer

MARC DENEYER

Un photographe en promenade
Printemps sur la Gartempe

© Marc Deneyer

© Marc Deneyer

© Marc Deneyer

BOURSE aux LÉGUM
Dans ce panier, nous vous proposons
DÉPOSER les légumes que vous ne souhaitez
Vous pouvez RÉCUPÉRER ceux
légumes restants seront réguli
à l'épicerie social

partie 4

Perspectives

l'actualité

l'actualité

NOUVELLE-AQUITAINE

Science et culture, innovation

1 Covid-19 : un nouvel élan pour les circuits alimentaires de proximité ?

PAR FRANTZ JÉNOT

La mise en place du confinement à domicile induite par la pandémie du Covid-19 a bouleversé notre quotidien. La double peur de manquer et d'être en contact avec le virus a eu des répercussions sur nos comportements d'achats alimentaires mais également sur notre relation à la spatialité. L'engouement pour les commerces de proximité et l'e-commerce est une tendance claire qui s'est détachée durant cette période. Ces changements pourraient bien perdurer mais avec quel niveau de développement des circuits alimentaires de proximité et de leurs agricultures ?

À l'annonce gouvernementale du confinement, les grandes surfaces ont été les premières à bénéficier d'un comportement d'achats de produits de grande consommation stockables. Mais dans un second temps, nombre de Français se sont orientés vers les commerces de proximité voire directement vers les producteurs au détriment des grandes surfaces spécialisées. Rassurés par l'absence de réelles ruptures de stocks alimentaires et craintifs de croiser trop de personnes dans un même endroit, les consommateurs ont privilégié la proximité en privilégiant le *retail* (ou commerce de détail). Selon l'enquête *Manger au temps du coronavirus* menée par le Réseau mixte technologique (RMT) Alimentation locale, qui fédère une trentaine d'organismes de recherche, de développement et de formation en vue d'améliorer la connaissance sur les circuits « chaînes alimentaires courtes de proximité », la demande en produits locaux frais a été jusqu'à dix fois supérieure à l'offre. Les petites surfaces qui permettent de faire des courses alimentaires ont rapidement vu leurs chiffres de vente progresser dans quasiment tous les départements, notamment en milieu rural. À titre d'exemple, le réseau Biocoop annonce une hausse de chiffres d'affaires de plus de 30 % en avril sur 630 magasins et la Ruche qui dit Oui a comptabilisé 50 000 nouveaux clients dans ses 700 points de vente. De même, les Amap (association pour le maintien d'une agriculture de proximité) ont enregistré une forte hausse de la demande.

En région Nouvelle-Aquitaine, les producteurs de légumes, de produits laitiers ou de viande qui fournissent par exemple L'épicerie fermière à Melle (Deux-Sèvres) ont vu leur activité se développer de 50 % entre mars et mai, en particulier grâce à l'arrivée d'une nouvelle clientèle. Depuis la fin du confinement, cette hausse est revenue à + 25 %.

A contrario, certains marchés alimentaires de centres-villes semblent peiner à retrouver leurs consommateurs. À titre d'exemple, les commerçants du marché de Niort témoignent depuis la fin du confinement d'une baisse de 20 % par rapport à 2019. Les lieux de vente ont bien leur importance pour les consommateurs.

Par ailleurs, des initiatives de créations de nouveaux circuits de distribution comme des «drive fermiers», des marchés temporaires ou des groupements d'achats se sont mis en place sur la plupart des territoires.

De nombreuses plateformes de recensement ou de mises en relation entre producteurs et consommateurs se sont ouvertes. C'est le cas de la plateforme de l'Agence de l'alimentation de la Nouvelle-Aquitaine qui s'est créée pendant la crise avec pour objectifs d'aider les producteurs à écouler leur production en circuit court et de favoriser la livraison de proximité. Environ 34 000 consommateurs et commerces d'alimentation de proximité se sont inscrits pour recevoir les alertes sur les nouveaux producteurs disponibles dans leur zone géographique et 1 834 producteurs se sont inscrits sur le site. Dans l'enquête de satisfaction réalisée par l'AANA, 55 % des consommateurs pensent continuer de consulter la plateforme après la crise.

Enfin, il faut noter que le marché des produits en agriculture biologique (AB) a suivi une forte trajectoire ascendante durant cette période. Dans les magasins de moins de 2 000 m^2 et de proximité, la progression des ventes de produits AB a été respectivement de 20 et 30 points supérieure à celle des produits conventionnels. Dans une période d'incertitudes, les consommateurs ont eu besoin de réassurance. De plus, les produits AB, comme les produits fermiers, sont moins facilement en rupture de stock et souvent synonymes de proximité.

LE E-COMMERCE ET LES LIVRAISONS EN PLEINE ACCÉLÉRATION

Les produits alimentaires sont devenus de grandes stars du web. Les drive ont permis de limiter l'exposition au virus et le trafic des commandes internet des produits alimentaires a progressé de 120 %.

De même pour le secteur de la livraison alimentaire à domicile qui a également été en plein essor. Pour les habitants des centres-villes notamment, les petits commerces ont été la solution la plus adaptée durant cette période pour faire tous les achats alimentaires en respectant du mieux possible les restrictions du gouvernement. Des enseignes comme Carrefour, Casino se sont associées à Uber-Eats pour proposer la livraison des fruits et légumes frais ainsi que des produits alimentaires de première nécessité. Pour les consommateurs, ces nouvelles pratiques présentent les avantages de la simplicité, de la sécurité et du gain de temps. Pour certains, elles pourraient bien remplacer de manière définitive les anciennes méthodes de consommation, même après la crise.

De leur côté, les commerces physiques conserveront toutefois des avantages comme la chaleur et la convivialité de l'accueil en boutique. En magasin, les émotions suscitées par le décor et les odeurs, l'organisation d'événements spéciaux et la possibilité de créer de véritables expériences client en magasin sont d'autres avantages que n'auront jamais les boutiques en ligne ; mais la tendance est là et la concurrence rude.

Ainsi, cette période de pandémie a véritablement influencé nos comportements d'achats alimentaires. Elle conduit à repréciser les contours d'une post-croissance qui tient compte, de la production à la consommation, de notre santé et de notre environnement. Les consommateurs savent comme Hippocrate « que la nourriture est notre médecine ». En tension entre global et local, ils dessinent deux grandes tendances d'habitudes d'achats alimentaires : d'une part la recherche de proximité, à la fois via des commerces spécialisés, voire directement en lien avec les producteurs (ferme, Amap, marché, magasin, etc.), et d'autre part via la digitalisation, le développement de l'e-commerce, les drive et les livraisons à domicile. Cela conduit à un éclatement toujours plus important des circuits de cette distribution alimentaire mais également de la diversité de « la qualité » des produits alimentaires proposés (agriculture conventionnelle ou biologique, locale, avec label ou sous appellation d'origine ou fermière, etc.). Ouvert sur la société mondialisée, chaque citoyen-consommateur peut retrouver de la sécurité dans la proximité. Paradoxalement, notre rapport à la proximité et au tout numérique apparaît aujourd'hui

comme une partie de la réponse à la glocalisation ; la proximité géographique rapproche socialement. Les pouvoirs publics ne s'y trompent pas qui développent le concept en vogue de « souveraineté alimentaire des territoires ». Même s'il mérite sans doute d'être mieux défini, il va stimuler les nombreuses initiatives alimentaires qui se sont développées depuis le début de la crise. Cela contribuera également à redéfinir un pacte social entre les agriculteurs et la société pour une alimentation « bonne, propre et juste » – comme le préconise le mouvement Slow food –, plus proche de chacun.

Frantz Jénot
Chercheur associé au laboratoire Ruralités
de l'université de Poitiers,
coprésident de l'Afipar et vice-président
de l'Agence de l'alimentation Nouvelle-Aquitaine

**Article paru dans *L'Actualité Nouvelle-Aquitaine*,
n°130 - Automne 2020**

RÉFÉRENCES

www.rmt-alimentation-locale.org

www.epicerie-fermiere.com

www.afipar.org

www.plaisirs-fermiers.fr/saint-maixent-lecole

www.produits-de-nouvelle-aquitaine.fr/plateforme-solidaire-pour-les-producteurs-de-nouvelle-aquitaine-2/

Slow Food International © Paola Viesi

2 Pour une alimentation du futur plus durable et solidaire

PAR JEAN-MICHEL CLÉMENT

Alimentation, agriculture et climat, ces trois mots sont désormais définitivement associés. Si, par le passé, les hommes n'avaient d'autres choix que de composer avec les conditions climatiques pour assurer leur subsistance en essayant de retourner la terre, force est de constater que les évolutions de l'agriculture les ont ensuite souvent conduits à ne plus prendre en compte ces trois dimensions en même temps.

L'urgence alimentaire justifiant tout, nous avons su relever le défi de la quantité, en particulier en France et en Europe. Mieux, nous sommes passés en un siècle, de l'insuffisance à l'autosuffisance, la France devenant même une nation exportatrice. En s'appuyant sur le Traité de Rome (1957) et son marché commun, l'Europe s'est dotée d'une agriculture performante, gagnant constamment en productivité et remplissant ses objectifs quantitatifs. C'est cette agriculture-là que j'ai vu se développer dans la ferme familiale, avec l'arrivée de la mécanisation et le développement des services associés à l'agriculture. Mon père pourtant manifestait déjà quelque méfiance à l'égard du modèle standardisé qui se dessinait. L'exploitation n'était que le maillon d'un ensemble dépendant de l'amont et lié à l'aval pour l'écoulement des productions. L'initiative individuelle s'effaçait derrière la nécessité de produire toujours plus ; le consommateur n'était jamais invité à donner son avis ; la terre nourricière apparaissait comme une ressource inépuisable, et l'eau ne manquait pas. Les gains de productivité ne cessaient de progresser, les exploitations s'agrandissaient, le nombre d'exploitants agricoles diminuait, et les campagnes se désertifiaient.

Sur le plan politique, l'agriculture était cogérée par le Gouvernement et l'interprofession : syndicats (FNSEA et Jeunes agriculteurs), Assemblée permanente des chambres d'agriculture, secteur coopératif et bancaire, MSA, etc. Une grande conférence agricole se tenait chaque année et la France tirait son épingle du jeu grâce à la politique agricole commune.

La machine s'est cependant emballée et, dès 1968, le premier Commissaire européen à l'Agriculture, Sicco Mansholt, a dû proposer de réviser en profondeur les structures de l'agriculture communautaire, provoquant de facto de fortes contestations. Un an avant, en 1967, le sociologue Henri Mendras avait publié un ouvrage intitulé *La fin des paysans* : sa thèse, redoutable dans ses perspectives, annonçait la fin de la paysannerie, celle-ci remplacée sine die par des agriculteurs-producteurs ; ce sont eux que l'on appellera par la suite des *exploitants agricoles*, obéissant aux règles fluctuantes du marché et des techniques de production.

Alors qu'en 1974, à l'occasion des élections présidentielles, René Dumont, agronome connu pour son combat en faveur du développement agricole des pays pauvres et son engagement écologiste, fut un lanceur d'alerte avant l'heure, où en sommes-nous 50 ans plus tard ? La France ne compte plus que 450 000 exploitations, contre 1 500 000 en 1970. Les exploitations, dont la taille n'a cessé de croître, sont devenues de plus en plus capitalistiques, générant une agriculture plutôt portée par des sociétés que par des individus. Ce phénomène, en constant développement, a entraîné une financiarisation du secteur et, de fait, l'obsolescence de certaines lois ou de dispositifs français datant des années 1960 qui étaient adaptés à des organisations familiales.

D'autres phénomènes, plus positifs, s'invitent pourtant dans le débat aujourd'hui : les consommateurs se font de plus en plus entendre ; les questions sanitaires et de santé publique ont défrayé la chronique médiatique, et des mouvements sociétaux apparaissent autour du bien-être animal ou de la consommation de viande. Parallèlement, l'écologie longtemps perçue négativement par le monde agricole a tendance à devenir une vertu, même chez les agriculteurs, et l'agriculture biologique progresse. Consommateurs et agriculteurs se parlent et se respectent. Les « circuits courts » ayant ouvert la voie, la régionalisation des productions devra suivre.

Cependant, de nombreux problèmes demeurent ; les résistances sont tenaces, et il faudra répondre à des enjeux plus importants encore :

- **Le défi alimentaire :** en tenant compte tout autant de la qualité que de la quantité.
- **Le défi environnemental :** il faudra produire en respectant la ressource qu'est la terre ; produire en respectant le partage de l'eau, patrimoine commun ; produire en respectant la santé publique, de celui qui cultive jusqu'à celui qui consomme, en passant par ceux qui vivent sur les territoires.

- **Le défi climatique :** la géographie des productions va être modifiée. Elle impactera les exploitations agricoles et l'organisation des marchés : c'est une nouvelle révolution qui attend l'agriculture.
- **Le défi territorial :** la réduction drastique du nombre d'agriculteurs a contribué à vider les campagnes de leurs forces vives. Pourtant, demain, il vaudra « mieux avoir un voisin de plus, qu'un hectare en plus » ; le défi est aussi culturel et se joue dans les mentalités, surtout dans celles des cédants.

La future politique européenne devra impérativement prendre en compte tous ces enjeux.

À l'échelle nationale, d'autres paris nous attendent... Nous n'arrivons toujours pas à sortir des griffes des multinationales comme Bayer-Monsanto et continuons à recourir au glyphosate, une pratique révélatrice des résistances au changement, alors que l'agroécologie constitue une voie vertueuse.

Mon père soutenait que sur l'exploitation les rotations culturales et les apports de fumier et de chaux étaient les bases de l'agriculture. Un tiers de la sole était dévolu aux moutons, un tiers aux bovins, un tiers aux céréales où paille et grains se révélaient nécessaires aux animaux. Il a toujours conduit ainsi son exploitation, préservant les haies et les sols, sans drainer ni arroser. *Retirer l'eau l'hiver, c'est en manquer l'été*, disait-il, et *le fumier coûtera toujours moins cher que les « amendements » achetés à l'extérieur*. Sagesse ou vision prémonitoire ? C'était à n'en pas douter une vérité qu'il convient certes de nuancer, mais que le monde agricole se refuse encore majoritairement à reconnaître.

La période qui va suivre la crise sanitaire liée au coronavirus, doit être pour l'agriculture l'occasion d'une profonde remise en question. D'autant plus que l'Europe aura d'autres batailles à gagner. À l'urgence climatique va s'ajouter le défi sanitaire avec des économies fragilisées. Nul doute que les citoyens seront demain encore plus exigeants pour leur santé !

Nous ne manquons pourtant plus aujourd'hui de modèles et de réussites liés au choix de produire autrement, en agriculture biologique ou conventionnelle : ils nous rappellent combien l'agronomie consiste, au sens premier du terme, à donner la priorité au support qu'est la terre, avant d'opter pour telles ou telles productions, et de définir la manière de les conduire.

De même, les outils de transformation et de commercialisation abandonnés à la grande distribution ou pire, copiés par un monde coopératif vidé de ses valeurs originelles, ne sont plus le prolongement de l'exploitation. Celle-ci n'est plus qu'un maillon d'un système : en amont, des géants de l'agrochimie ; à l'aval, d'autres sociétés – qui sont parfois les mêmes – et qui tirent le plus grand profit des productions. On comprend mieux alors combien il est difficile de se « défaire » du glyphosate ou de refuser les OGM.

Dans son intérêt, il est temps que l'ensemble du monde agricole prenne conscience que les choses doivent changer, parce que les enjeux ne sont rien moins que l'avenir de la biodiversité, la sécurité alimentaire et la santé publique. Notre société le désire de plus en plus, et ce serait la meilleure façon de lutter contre les mouvements communautaristes - vegans ou antispécistes par exemple - et d'éviter que ne se développe aveuglément l'*agri-bashing*.

En persistant encore longtemps dans des modèles résolument dépassés, le monde agricole prend un autre risque : voir les acteurs industriels et financiers dominants, de Mc Donald à Leclerc, se donner opportunément des airs vertueux, à grand renfort de communication, et s'accaparer la valeur ajoutée liée aux produits plus sains et tracés auxquels aspirent les consommateurs. Le comble serait qu'en répondant aux attentes sociétales, ils en captent les bénéfices au détriment du monde paysan. La floraison des « espaces bio » dans les supermarchés de toutes les enseignes de la grande distribution va pourtant déjà en ce sens.

Dès lors, changer seulement de modèle de production ne suffira pas. Il faut aussi changer les modèles de distribution en soutenant en particulier les circuits courts, comme ceux promus par l'association Mont'Plateau en Montmorillonnais, les magasins fermiers comme March'Équitable, etc. Il faudra aussi aller plus loin en favorisant une organisation systémique et solidaire, plus territoriale, voire régionale.

En Nouvelle-Aquitaine, des politiques publiques volontaristes accompagnent cette nécessaire transition de l'agriculture : non seulement elles contribuent à l'orienter vers des productions variées et qualitatives, mais elles favorisent aussi des solutions pour lutter contre le changement climatique (stockage de carbone dans les sols, implantation de haies, développement de l'agroforesterie et de la méthanisation...). La Région soutient tout simplement l'agroécologie !

Comment relever le défi territorial si la jeune génération ne peut accéder à la terre ?

Nos outils de régulation doivent être revisités, des systèmes de financement public ou privé inventés ou adoptés, et nous devons oser aller jusqu'à la redéfinition du sacro-saint droit de propriété. Un droit d'usage ne devrait-il pas être imaginé lorsqu'il s'agit d'un bien, les sols en l'occurrence, lesquels ont vocation à nourrir les êtres humains ?

Enfin, l'alimentation étant chose éminemment culturelle, cela pose aussi la question du droit des personnes à être différentes, lequel ne doit pas être sacrifié au nom d'un libéralisme mondialisé. Déjà, dans de nombreux domaines, la manipulation des esprits et l'effacement de la diversité humaine sont en marche ; sachons en ce domaine résister, parce que dans l'*agrodiversité* se trouvent non seulement le futur de notre nourriture et de notre santé, mais aussi une expression de notre libre-arbitre, de nos libertés et de notre humanité !

Jean-Michel Clément,
Député de la Vienne
& auteur de *Mes intimes convictions*,
éd. La Geste, 2021

Tout naît de nos récits...

Nous avons donc, avant tout, une bataille culturelle à mener (...). Il est fondamental de proposer une vision écologique désirable de l'avenir, de constituer des références culturelles fortes, de projeter un imaginaire puissant, de structurer un projet tangible, à la fois politique, économique, mais également (...) agricole, énergétique...

(...) Petit à petit, ces récits d'un genre nouveau pourraient mâtiner nos représentations, contaminer positivement les esprits, et, s'ils sont largement partagés, se traduire structurellement dans des entreprises, des lois, des paysages...

Petit manuel de résistance contemporaine
(Récits et stratégies pour transformer le monde),
Cyril Dion, éd. Actes Sud, 2018

3 Changez vos habitudes

CONSEILS SLOW FOOD POUR UNE CONSOMMATION PLUS CONSCIENTE ET RESPONSABLE

Chaque fois que vous faites vos courses, n'oubliez pas que vos choix individuels peuvent avoir une influence positive sur le système mondial de production alimentaire. Quand il s'agit de viande, vous pouvez vraiment laisser votre marque.

Slow Food®

CONSOMMEZ MOINS DE VIANDE MAIS DE MEILLEURE QUALITÉ.

Si vous évitez la viande provenant d'élevages intensifs et choisissez une viande produite selon des normes de bien-être élevées, vous aurez déjà fait beaucoup. Augmentez également votre consommation de légumineuses et de légumes.

CHOISISSEZ DIFFÉRENTES ESPÈCES ET RACES.

Les Européens consomment principalement du porc et de la volaille ; les États-Unis choisissent le bœuf et les volailles de l'Est... Si la demande des consommateurs se concentre sur la même espèce, seules les méthodes de production intensives feront l'affaire. Faire des choix variés aide à soulager certains types d'animaux.

CHOISISSEZ DES COUPES DIFFÉRENTES ET APPRENEZ À FAIRE DES ACHATS MOINS CONVENTIONNELS.

La concentration de la demande pour les mêmes morceaux conduit à des niveaux élevés de gaspillage alimentaire, et toute cette viande gaspillée signifie une augmentation vertigineuse de la demande de nouveaux animaux à élever. Redécouvrez des recettes traditionnelles qui font ressortir les meilleures qualités de chaque coupe.

MÉFIEZ-VOUS DES PRIX SENSIBLEMENT BAS.

Ils sont souvent le signe d'aliments de mauvaise qualité, d'exploitation, de coûts cachés qui impactent l'environnement ou de conditions de travail déplorables dans les élevages et les abattoirs industriels.

N'OUBLIEZ PAS QUE LE LOCAL EST MEILLEUR.

Lorsque vous achetez de la viande, vérifiez toujours son origine et évitez les produits importés. Apprenez à connaître votre région et découvrez quels légumes, fruits, races animales, pains, charcuteries et sucreries traditionnelles sont produits à proximité.

LISEZ ATTENTIVEMENT LES ÉTIQUETTES.

Elles fournissent des informations utiles sur le type de viande. Si vous n'avez pas le temps de lire, demandez au boucher des informations sur l'espèce animale que vous achetez.

FAITES PASSER LE BIEN-ÊTRE ANIMAL EN PREMIER.

Pour ce faire, recherchez des coopératives et des groupes de fermes qui suivent des directives strictes en matière d'alimentation et de bien-être de leurs animaux.

NE REMPLISSEZ PAS VOTRE RÉFRIGÉRATEUR.

Lorsque vous achetez de la viande fraîche, limitez votre achat à ce que vous consommerez à court terme. De manière générale, le gaspillage alimentaire a atteint des proportions effrayantes : un tiers de toute la nourriture produite dans le monde est gaspillée.

SOYEZ CURIEUX. Demandez de la viande de qualité à votre boucher et encouragez-le à vous fournir de la viande provenant d'élevages à haut niveau de bien-être. Autorisez-vous un voyage dans une ferme, de temps en temps si possible...

Le goût d'un territoire
est sorti des presses de Laballery
à Clamecy en octobre 2021

Imprimé en France

L'Escampette
www.escampette-editions.fr
Diffusion & distribution Les Belles Lettres

Dépôt légal : 4e trimestre 2021
Édition n°321